Die Welt erleben

Schottland

Hay, good Scottish weather, the rain comes slightly from the side.
(Ist doch gutes schottisches Wetter, der Regen kommt nur
ein bisschen von der Seite.)
Schottisches Sprichwort

ATLANTISCHER OZEAN
ORKNEY-INSELN
WESTRAY
ROUSAY
SANDAY
MAINLAND
Skara Brae
Maes Howe
Kirkwall
Stromnes
481 Ward Hill
HOY
SOUTH RONALDSAY
Tomb of the Eagles
Pentland Firth
SHETLAND-INSELN
UNST
YELL
FETLAR
St.Magnus Bay
WHALSEY
MAINLAND
FOULA
Lerwick
Jarlshof
ÄUßERE HEBRIDEN
Butt of Lewis
Arnol
LEWIS
Carloway
Standing Stones
Callanish
Stornoway
Ballalan
Clisham 799
Tarbert
SHIANT ISLAND
HARRIS
Rodel
NORTH UIST
Lochmaddy
Creagorry
SOUTH UIST
Lochboisdale
BARRA
The Minch
Little Minch
Loch Torridon
TROTTERNIS
Kilt Rock
Uig
719 The Storr
Dunvegan
Dunvegan Castle
Portree
SKYE
Cuillin Hills
Broadford
Ardvasar
RHUM
EIGG
Sound of Sleat
INNERE HEBRIDEN
COLL
Sea of the Hebrides
TEREE
Scarinish
Calgary
Tobermo
Lochaline
MUL
Staffa
Duart Castle
IONA
Fionnphort
Craignure
Firth of Lorn
COLONSAY
Scalasaig
Ardlussa
JURA
Port Askaig
Bowmore
ISLAY
Portnahaven
Port Ellen
GIGHA
KINTYRE
Campbeltown
North Channel
Mull of Kintyre
IRLAND
Durness
Tongue
Thurso
Duncansby Head
Golval
Girnigoe
Wick
HANDA ISLAND
Laxford
Ardvreck Castle
HIGH-
959 Ben Klibreck
LANDS
Kinbrace
Latherton
Lochinver
998 Ben More
Loch Shin
Elphi
Ledmore
Inverpolly Nature Reserve
Lairg
Helmsdale
Achiltibuie
Gruinard Bay
Ullapool
Dunrobin Castle
Bonar Bridge
Dornoch
Inverewe Gardens
Poolew
1081 Ben Dearg
Tain
Loch Maree
Beinn Eighe Nature Reserve
Garve
Achnasheen
Torridon
Applecross
Moray Firth
Inverness
Kyle of Lochaish
Drumnadrochit
Urquhart Castle
Eilean Donan Castle
Fort Augustus
Loch Ness
Invergarry
Mallaig
Arisaig
Glenfinnan
Spean Bridge
Fort William
1343 Ben Nevis
Strontian
Loch Linnhe
Castle
1079 Ben
Taynuilt
Oban
Kilmelfort
Kilmartin
ARGYLL
Dunadd Fort
Lochgilphead
KNAPDALE
Tarbert
Kennacraig
Loch Fyne
Inveraray
Arrochar
Crianlarich
Trossachs
Dunoon
Rothesay
Greenock
Lochranza
ARRAN
Brodick Castle
Ardrossan
Firth of Clyde
Elgin
Cullen
Troup Head
Fraserburgh
Buckie
Banff
GRAMPIAN
Peterhead
Cawdor Castle
Culloden Battlefield
Huntly
Fyvie Castle
Dufftown
Pitmedden Garden
Ellon
Cruden Bay
Spey
Grantow-on-Spey
Carrybridge
GLEN MORE FOREST PARK
Don
Fraser Castle
Inverurie
Aberdeen
Aviemore
Kingussie
Craigievar Castle
Crathes Castle
Ballater
Banchor
Dee
Grampian Mountains
Braemar
Balmoral Castle
Stonehaven
Dunnottar Castle
Dalwhinnie
Blair Castle
Killiecrankie
Pass of Killiecrankie
Pitlochry
TAYSIDE
Rannoch-Moor
Tummel
1083 Schiehallion
Glamis Castle
Montrose
Blairgowrie
Forfar
Meigle
Aberfeldy
Ben Lawers 1214
Tay
Dunkeld
Arbroath
Dundee
Perth
Lochearn-head
Crieff
Comrie
Balquhidd
Drummond Castle Gardens
Callander
974 Ben Lomond
Loch Lomond
CENTRAL
FIFE
St.Andrews
Anstruther
Dunblane
Falkland
Stirling
NORDSEE
LOW-
LANDS
Dunfermline
Helensburgh
Dumbarton
Firth of Forth
North
Tantallon Castle
Dunbar
Haddingto
Glasgow
EDINBURGH
Paisley
St. Abb's Head
Eyemouth
Lammermuir Hills
Rosslyn Chapel
Clyde
Hamilton
Lanark
LOTHIAN
Peebles
Melrose Abbey
Floors Castle
Melrose
Traquair House
Galashiels
Kelso
Kilmarnock
Ay
Maybol
Culzean Castle
DUMFRIES
Wanlockhe
AND
Devil's Beef Tub
Grey Mare's Tail
Hawick
Jedburgh
Moffat
Hermitage Castle
Girva
Southern
GALLOWAY
GALLOWAY FOREST
BORDERS
Nith
Lockerbie
New Galloway
Ballantrae
Dumfries
Sweetheart Abbey
Dee
Newton
Threave Castle
Caerlaverock Castle
Gretna Green
Loch Ryan
Stranraer
Wigtown
Castle Douglas
Solway Firth
Whithorn
St. Ninian's Cave
ENGLAND
N
0 50 km

Landschaft im Überfluss

Ein eindrucksvolles Merkmal Schottlands sind die vielen Burgen, nicht selten noch im Besitz der Familien, deren Vorfahren sie vor Hunderten von Jahren errichteten. Meistens jedoch sind es Ruinen. Die ersten von ihnen entdeckt man an der Westküste beim Überqueren der Grenze. Südöstlich von Dumfries liegt der kleine Flecken Caerlaverock. Die Landschaft ist flach und sumpfig.

Wo der Fluss Nith in den Solway Firth fließt, wurde ein Streifen von fast zehn Kilometern zum Naturschutzgebiet erklärt, weil sich dort neben vielen anderen Vögeln Kanadagänse zu Tausenden niederlassen. Überall können sich Ornithologen das lebhafte Treiben anschauen. Besucher aber, die nach steinernen Zeugen der Vergangenheit suchen, finden hier eine der beeindruckendsten Burgruinen Südschottlands.

Caerlaverock Castle wurde gegen Ende des 13. Jahrhunderts gebaut. Die Maxwells waren die mächtigen Lairds der Grafschaft Dumfries. Die Covenanter, jene schottischen Presbyterianer, die sich im Jahr 1581 zur Verteidigung ihres Glaubens verbündeten, belagerten die Burg 1640 erfolgreich drei Monate lang. Das Ergebnis: Die Maxwells kamen nie wieder zurück, ihre Burg verfiel.

Schottland ist aber auch das Land der Industriellen Revolution. Nicht nur brachte es einige der bedeutendsten Erfinder hervor, es entwickelte sich auch zu einer Hochburg der Industrialisierung. Die Städte am Clyde, Greenock, Port Glasgow und selbstverständlich Glasgow selbst zeugen noch heute davon. In der Nähe von Cornalees oberhalb von Greenock legte der Ingenieur Robert Thom ein System von Reservoirs an, um die neuen Industriestädte mit Wasser zu versorgen. Das Kanalsystem wurde inzwischen unter die Erde verlegt, und am Loch Thom entstand ein Besucherpavillon. Hier lohnt sich ein Spaziergang – hoch über dem Firth of Clyde mit Blick auf Cowall, Ardgoil und natürlich Loch Lomond.

Satter Süden

Wer über Hawick oder Jedburgh nach Schottland einreist, erlebt mit den Eildon Hills über dem Tweed eine der schönsten Landschaften Südschottlands, die Borders. Gerade mal etwas über 400 Meter hoch ist die höchste Erhebung hier, wo noch heute Überreste einer mehr als 2000 Jahre alten Siedlung und eines römischen Aussichtsturms zu finden sind. Aber das ist eigentlich nebensächlich. Was fasziniert, ist eben das, was Schottland im Überfluss hat: Landschaft. Sanft ist sie hier, sattgrün, sehr freundlich. Nichts ist zu spüren von der rauen Schönheit der Highlands.

Das Herz eines Nationalhelden

In der Ruine der Abtei von Melrose soll das Herz von Robert the Bruce vergraben sein, des großen schottischen Nationalhelden, von dem noch ein paar Mal die Rede sein wird. Liegt dort wirklich sein Herz? Nun, die Sage hat zumindest einen sehr idyllischen Ort für diese Behauptung gewählt: wo sich der Tweed seinen Weg bahnt, vorbei an Dryburgh und St. Boswells durch Ackerland und Viehweiden in Richtung Berwickshire Merse.

Aber Archäologen geben bekanntlich keine Ruhe: Im September 1996 stießen sie bei Ausgrabungen auf ein geheimnisvolles Bleigefäß, in das – nach ihrer Auffassung – durchaus König Roberts Herz hätte passen können. Vorsichtig wurde ein Loch in den Behälter gebohrt, gerade groß genug, um eine Glasfaserkamera einzuführen, und was fanden die Forscher? Ein weiteres Bleigefäß mit einem kleinen Kupferschild auf dem steht: »The enclosed leaden casket containing a heart was found beneath Chapter House floor, March 1921, by His Majesty's Office of Works« (Dieses Bleigefäß, in dem sich ein Herz befindet, wurde im März 1921 unter dem Fußboden des Chapter House von Betriebshof-Angestellten Seiner Majestät gefunden).

1 *Seehunde vor der Isle of Arran im Firth of Clyde, im Westen Schottlands.* – 2 *Der Dudelsackspieler vor einem Restaurant in Dufftown soll vor allem ausländische Besucher anlocken.*

Glenfiddich
COFFEE shop
SCOTLAND
SPECIALITY
DINNER

1

2

25 Zentimer ist das Gefäß groß mit einem Durchmesser von 10 Zentimetern an der dicksten Stelle.
Aber befindet sich darin nun das Herz des schottischen Helden? Das ist die große Frage. »Die Vermutung liegt nahe.« Zu weitergehenden Angaben ließen sich die Behörden nicht hinreißen. Am 22. Juni 1998 wurde das ungeöffnete Gefäß in der Abbey erneut begraben. Zwei Tage später, am 24. Juni, also dem Tag, an dem Bruce im Jahr 1314 in der Schlacht von Bannockburn die Engländer besiegte, enthüllte der damalige Schottland-Minister, Donald Dewar, eine Gedenkplatte über der Stelle, an der das Herz nun für alle Zeiten begraben ist.

Ein Paradies für Wanderer

Hier im südlichen Schottland erfährt der Besucher auch, dass das Wort Park nicht immer im herkömmlichen Sinn zu verstehen ist. So wie nicht alles, was auf Englisch »pudding« heißt, auch wirklich Pudding ist, und manch ein Getränk mit der Bezeichnung »wine« in keiner Weise dem allgemein bekannten Rebensaft ähnelt, so sind auch die 620 Quadratkilometer des Galloway Forest Park wilde, zerklüftete Landschaft, Bergzüge, weite Täler, hoch gelegene, schwarze Lochs. Das ist eine Landschaft für den ernsthaften Wanderer, nicht für Spaziergänger. Überhaupt ist das so eine Sache mit diesem Schottland. Egal ob Lowlands, Highlands oder Islands, von der Straße aus kann man nur ahnen, was für Überraschungen, Aussichten und Einblicke es zu bieten hat.
Man muss Gummistiefel anziehen und sich wegbewegen von den geteerten Bändern, die sich wie Schnüre durch die Täler und Hochmoore ziehen. Man muss zu Fuß gehen, aber immer eine der hervorragenden Ordenance Survey Maps zur Hand haben, jene Landkarten, auf denen auch der kleinste Weg, die kleinste Hütte verzeichnet ist. Wetterfest muss die Kleidung sein, denn Unbeständigkeit ist eines der Merkmale dieses Landes. Schnell zieht sich hier der Himmel mal zu, rasch kommen dunkle Regenwolken auf – und genauso schnell wird das Wetter wieder schön. Der Atlantik ist nah – das vergisst man in Schottland nie –, und der Westwind kann ab und zu ganz schön kräftig über die Hügel blasen.
Bei Loch Trool erhält man bereits einen Vorgeschmack darauf, wie die Highlands sind. Einen besseren Einstieg kann es kaum geben als bei Black Linn am Water of Minnoch. Stromschnellen und Wasserfälle stürzen die Schlucht hinunter auf den Granitfelsen unterhalb einer Brücke. Lärchen und Fichten bilden hier die vorherrschende Vegetation.
Dies ist das einzige Gebiet in den Lowlands, in dem man Rotwild antreffen kann – und wie fast überall auch ein kleines Stück Geschichte. Oberhalb des Loch Trool befindet sich ein Steinhaufen, gekrönt von einem Findling. Es ist der Bruce Stone. Hier soll Robert the Bruce 1307 seine Scharen versammelt haben, um gegen die Engländer zu kämpfen.

Ein Tor zu den Highlands

Dass die dramatische schottische Landschaft nie weit entfernt ist, selbst für Besucher der Großstädte Glasgow und Edinburgh, das zeigt sich am Beispiel des Loch Lomond. Dieser von vielen Dichtern besungene See liegt nördlich von Glasgow und gilt als eines der Tore zu den Highlands. Auf der anderen Seite südwestlich von Edinburgh haben wir dafür die Pentland Hills.
Durch den Ort Swanston, in dem Robert Louis Stevenson als kleiner Junge lebte, vorbei an dem Schlachtfeld von Rullion Green gelangt man über eine römische Straße zu einer Hügellandschaft, durch die schmale Flüsse ziehen und winzige Seen bilden. Dies ist Spaziergängerland. Hier führt keine öffentliche Landstraße hindurch. Seit über 100 Jahren sorgt die

3

Scottish Rights of Way Society für ausreichende Beschilderung zu einsamen Pässen wie der Maiden's Cleuch und der Cauldstane Slap, über Hügel, die Allermuir, Carnethy oder Caerketton heißen. Flotterstone Inn an der Straße von Edinburgh nach Biggar ist ein beliebter Ausgangspunkt für die Pentland Hills. Niemand weiß, warum im südwestlichen Schottland eine ganze Reihe von Wasserfällen Grey

1 *Von ihren Schafen sprechen die Schotten oft liebevoll als »vierbeinige Clansmänner«.* – 2 *In vielen Gebieten der Highlands und auf manchen Inseln gibt es mehr Hirsche als Menschen. Die Jagd ist eine bedeutende Einnahmequelle geworden.* – 3 *Glen Rosa auf Arran ist ein besonders beliebtes Ziel für Familienausflüge.*

Mare's Tail heißen. Keiner jedoch ist so eindrucksvoll wie der hoch oben beim Moffat Water, am Ende des Passes, der nach St. Mary's Loch führt und weiter nach Selkirk.
Auf der höchsten Stelle steht ein einsames Haus, Buirkhill. Früher galt es den Pferdekutschern als willkommenes Zeichen, dass die Fahrt nach Moffat bald zu Ende war. In Moffat befindet sich das bekannte Hütehundezentrum für Border Collies, die unentbehrlichen Helfer der Schäfer. Hier oben stürzt der Grey Mare's Tail 60 Meter in die Tiefe, gespeist vom Loch Skeen, einem See, der von dieser Stelle aus nicht zu sehen ist. Ganz in der Nähe von Moffat befindet sich übrigens The Devil's Beef Tub. Diese abgelegene Stelle wird so genannt, weil Diebe hier früher gestohlene Rinder versteckten.
Ein Stück weiter westlich kommt man zu den Lowther Hills. Die Landschaft ist hier fast vollständig leer, von Rebhühnern und Schafen einmal abgesehen. Doch aus den Hügeln Glengonnar, Wanlock und Mennock kam einst der Reichtum des Landes. »God's Treasure House in Scotland« hießen die Lowthers.

Während James V. einen französischen Gesandten, der sich über die kahle Landschaft lustig gemacht hatte, mit Münzen aus Lowther-Gold hatte beeindrucken können, war es vom 18. Jahrhundert an das Blei, das den ohnehin nicht gerade Not leidenden Großgrundbesitzern zusätzlichen Wohlstand einbrachte. Die Stollen sind schon seit langer Zeit geschlossen, aber in der einsamen Landschaft sieht man hin und wieder die Überreste von alten Grubentürmen, und in dem entlegenen Dorf Leadhills kann man in dem bereits 1741 gegründeten Bergbaumuseum auch allerlei Dokumente, Utensilien und Karten aus der Zeit von 1739 bis 1854 bewundern. Die Bergarbeiter haben das Museum erstaunlicherweise nach Allan Ramsay benannt, dem Dichter und Autor des »Gentle Shepherd«, der 1686 in Leadhills geboren wurde.

The Lady of the Lake

Loch Lomond ragt wie eine Schwertspitze von den Lowlands in die Highlands hinein, von dem geschäftigen Treiben Glasgows in die Einsamkeit des schottischen Hochlands. Der Übergang ist erstaunlich abrupt. Die freundliche Landschaft des Südens weicht hier dem rauen Norden. Die Küste ist wild und zerklüftet, die Hügel und Bergkämme, die Lochs, Täler und Buchten verlaufen parallel zum Atlantik sowohl von Norden als auch von Süden nach Westen – ein geologischer Streich der Natur.
Im Landesinnern sind es wieder die Berge und Lochs, die engen Täler und die unendlichen Forste, die den Besucher faszinieren. Dies ist das Gebiet, in dem sich die ersten Siedler aus Irland niederließen, zwischen dem Ende des 2. und dem frühen 3. Jahrhundert.
Am Highland Boundary Graben, der geologischen Trennlinie zwischen Lowlands und Highlands, liegt auch ein kleinerer See, Loch Achray. Hier ist der Wechsel von einer Region in die andere ebenso dramatisch. Wer sich dem Dorf Aberfoyle von Süden nähert, reist durch freundliche Acker- und Weidelandschaft. Doch auf der anderen Seite des Ortes erheben sich die steilen, bewaldeten Hänge der Menteith Hills mit den schroffen Formen des Ben Venue.
Sir Walter Scott hat Loch Achray in seinem epischen Gedicht »The Lady of the Lake« besungen. Dadurch wurde dieses »Tor zu den Highlands« schon sehr früh touristisch erschlossen.

Das Grab eines Räubers

Weiter nördlich, vorbei an Loch Katrine, liegen die Braes of Balquhidder. Die Straße unterhalb der Braes führt zu einer der eindrucksvollsten, einer der schönsten Landschaften Mittelschottlands. In diese entlegene Gegend kam 1727 Robert Toy MacGregor, im Volksmund bekannt als der Straßenräuber Rob Roy, nach seiner Begnadigung. Er wurde Bauer und starb sieben Jahre später in seinem Bett. Auf dem Friedhof von Balquhidder liegt er begraben. Es ist ein schlichtes Grab auf

1 *Piktische Steinmetzen haben der Nachwelt wunderbar behauene Stelen und Steine hinterlassen.* – 2 *Rosslyn Chapel ist eines der schönsten christlichen Bauwerke im ganzen Land.*

2

RICHARDS
final reductions
Evening News
EDINBURGH
744
LICENSED TAXI
137
761
49
1

Office Angels
19
YSF 572S
0131 657 5700 Ziebart
2

einem unscheinbaren Friedhof, wie man sie überall in Schottland antrifft: eine kleine, graue Steinkirche, flache moosbewachsene Grabsteine, manche wie vor Müdigkeit umgefallen.
Von dem Dorf steigt die Straße hoch hinauf über den Loch Voil. Eine kleine Seezunge trennt ihn vom Loch Doine. Die öffentliche Straße endet vor der Farm von Inverlochlarig. Es lohnt sich auszusteigen. Der Blick ist überwältigend. Es ist ein Blick in das Herz der Berglandschaft nördlich von Loch Katrine und östlich von Loch Lomond. Ein Panorama von zackigen Bergspitzen, steilen Hängen, die hinunterzustürzen scheinen in ein weitläufiges Tal, in dem Schafe und Rotwild Nahrung suchen.

Rannoch Moor

Man könnte die Liste der Glens und Lochs, der Wälder und Berge noch seitenlang weiterführen. Dieser Teil Schottlands bietet so viel Abwechslung wie kaum ein anderer. Der Höhepunkt aber ist ohne Zweifel Rannoch Moor. 155 Quadratkilometer Hochmoorlandschaft mit so viel Wasser, dass manch einer behauptet, man könne im Sommer hinüberschwimmen und im Winter auf Schlittschuhen hinübergleiten. Rannoch Moor ist ein Mosaik aus Seen, Tümpeln und Bächen. Überall hat der letzte große Eiszeitgletscher Findlinge zurückgelassen. Das Wasser fließt von hier durch Loch Ba, Lochan na h-Achlaise und Loch Laidon in den Fluss Gauer und den Loch Rannoch und von dort weiter in die Nordsee. Rannoch Moor ist allerdings schwer zu erschließen, die Straßen führen eigentlich nur am Rand entlang. Dort liegen auch die Berge, die die Weite des Moors nur noch unterstreichen: im Westen Glach Leathad und Stob Ghabhar, im Süden Beinn Achaladair, im Norden die unheimlichen, finster drohenden Black Corries. Und als ob das noch nicht reicht, erhebt sich im Osten am Horizont die Kuppe des Schichallion.
Wenn es nass und neblig ist, dann wirkt das Moor verwunschen, geradezu gefährlich. Wenn dic Sonne strahlt und sich ein blauer Himmel über Rannoch Moor spannt, dann umgibt einen das Gefühl von Einsamkeit, aber irgendwie auch von schöner Wildheit, Unberührtheit. Die Weite strahlt eine Ruhe aus, wie man sie selten anderswo in Europa finden kann.
Zwischen Rannoch Moor und der Nordküste Schottlands sind viele Variationen eines landschaftlichen Themas zu entdecken. Großartige, aber auch weniger spektakuläre Täler und Berge, Seen und Bäche. Wälder, Fischerdörfer und kleine Ortschaften, die sich trist durch den Alltag schleppen. Sie alle sind Teil dieses gewaltigen Puzzles, das sich Schottland nennt. Ebenso eindrucksvoll wie die Landschaft ist die Historie Schottlands. Eine Geschichte voll Tragik und Gewalt, voll Blut und Tränen, die große Heldinnen und Helden hervorbrachte, aber auch unsägliches Leid über das einfache Volk.
Es ist vor allem aber eine Geschichte, die dem schottischen Volk absolut gegenwärtig ist. Wie sonst lässt sich der anhaltende Nationalismus erklären, der seit Jahrzehnten der Scottish National Party immer mehr Zulauf bescherte und schließlich zu einem eigenen Parlament geführt hat, das jetzt große konstitutionelle Probleme aufwirft. Denn im Vereinigten Königreich – nur die Deutschen sprechen noch von Großbritannien – können zwar die schottischen Parlamentsabgeordneten weiterhin in London abstimmen, nicht aber die englischen Parlamentarier in Edinburgh. Und mit der Devolution ist der Ruf nach völliger Unabhängigkeit vom südlichen Nacbbarn durchaus nicht verstummt. Im Gegenteil. Vielleicht wird auch der Begriff »Vereinigtes Königreich« irgendwann nicht mehr zutreffen.

3

1 *Für die typischen Taxis gibt es auf der Princes Street immer genügend Kundschaft.* – 2 *Die George Street in Edinburghs New Town wetteifert mit der Princes Street um Käufer.* – 3 *Das Caledonian Hotel in Edinburgh erinnert an die Zeiten, als das britische Empire die Welt umspannte.*

1

2

3

William Wallace – Freiheit für Schottland

Auch auf Schottland lässt sich der Spruch anwenden: »Es ist nicht so sehr ein Land, mehr ein Gemütszustand.« So zieht sich durch seine Geschichte, durch seine Täler und Berge der tragische Leitfaden eines Volkes, das ständig um seine Unabhängigkeit kämpfte, betrogen nicht nur von den Nachbarn im Süden, sondern allzu oft auch von Menschen aus den eigenen Reihen. Meist wird das, was Teil der Psyche der Einheimischen ist, Außenstehenden erst dann vermittelt, wenn es von Hollywood verpackt über unsere Leinwände oder Bildschirme flimmert. Die Fernsehserie »Holocaust« erreichte das für Deutschland, Mel Brooks Kinofilm »Braveheart« schaffte es für Schottland. »Braveheart« ist die Geschichte des schottischen Freiheitskämpfers William Wallace, geboren um 1267 in der Nähe von Paisley in Renfrewshire.

1290 starb Königin Margaret, die Jungfer von Norwegen. Sie war die letzte direkte Nachfahrin von König Alexander III. (1249–1286), der wiederum der letzte männliche Abkömmling der Könige von Schottland war. Um einen Bürgerkrieg zu meiden, bat man den englischen König Edward I. um Schlichtung. Der aber nutzte die Gelegenheit und ließ sich sofort selbst zum Obersten Lord von Schottland ausrufen.

Die Schotten allerdings ernannten 1291 John Baliol zu ihrem König. Edward jedoch bestand weiterhin auf seinem Recht, und befahl sogar 1294 König John, zusammen mit seinen Grafen und Baronen für ihn in Frankreich zu kämpfen. So etwas hatte es noch nie gegeben.

Die Schotten gingen in die diplomatische Offensive und schlossen einen Verteidigungs- und Angriffspakt mit den Franzosen gegen die Engländer. Als Edward 1296 nach England zurückkam, nahm er blutige Rache: Er zog sofort mit seinem Heer gegen Schottland, zerstörte die Stadt Berwick und schlug die Schotten bei Dunbar. König John ergab sich, und über 2000 schottische Grundbesitzer erwiesen dem König aus London unterwürfig die Ehre. Zu diesem Zeitpunkt hatte »Braveheart« Wallace bereits mit kleineren Scharmützeln seinen Kampf gegen die Engländer zur Befreiung Schottlands begonnen. Und tatsächlich: Nachdem die Schotten die Besatzer am 11. September 1297 bei Stirling Bridge in die Flucht geschlagen hatten, kontrollierte Wallace große Teile des Landes. Er erklärte auch sogleich den Stadtvätern von Lübeck und Hamburg, dass der Handel mit schottischer Wolle wieder aufgenommen werden könnte: »Das Königreich Schottland, Gott sei's gepriesen, ist von der Macht Englands befreit worden.«

Die Freiheit aber war nur von kurzer Dauer. Edward kehrte zurück, fiel mit einem mächtigen Heer in Schottland ein und schlug das schottische Aufgebot bei Falkirk. Im Jahr 1304 gaben die meisten Schotten auf. William Wallace aber wollte sich nicht so leicht in sein Schicksal fügen. Er suchte Unterstützung für die schottische Sache in Frankreich, beim römischen Papst und sogar beim König von Norwegen. Für die Engländer Grund genug, ihn gnadenlos zu jagen. Am 3. August 1305 wurde Wallace in der Nähe von Glasgow gefangen, nach London gebracht und am 23. August des Landesverrats angeklagt. Wallace erklärte: »Ich kann kein Verräter sein, denn ich habe niemals dem König von England Treue geschworen.« Aber die Engländer machten kurzen Prozess mit ihm. Wallace wurde durch London geschleift, gerädert und aufgehängt und bei lebendigem Leib gevierteilt. Sein Kopf wurde auf einer Stange an der London Bridge zur Schau gestellt, andere Körperteile nach Berwick, Perth und Stirling (vielleicht auch nach Aberdeen) geschickt.

4

Schottlands größter Nationalheld

Doch bereits 1306 hatte Schottland wieder seinen eigenen König. Es war Robert the Bruce, geboren 1274 in Turnberry in Ayrshire. Als Earl of Carrick zählte er zu den größten Landbesitzern Schottlands und hatte über seine Abstammung von einem früheren Robert the Bruce Anspruch auf die schottische Krone. Am 25. März 1306 wurde er in Scone bei

1 *Im Hafen von Lochmaddy auf North Uist sind die Fischerboote zuhause, die in den Gewässern vor der Insel kreuzen.* – 2 *Auch für die Einwohner von Mallaig an der Westküste Schottlands ist der Fischfang wichtig.* – 3 *An der Ostküste ist hingegen Pittenweem der geschäftigste Hafen. Früh morgens wird hier in den Hallen des Fischmarkts der Fang der letzten Nacht angeboten.* – 4 *Das Auslegen von Netzen und Reusen ist bei den Fischern von Arran Familiensache.*

Perth als Robert I. von Schottland gekrönt. Edward war schockiert und schwor Rache. An allen Fronten wurde Schottland immer wieder angegriffen. Aber zwischen den Jahren 1307 und 1314 gelang es Robert I., die meisten der von den Engländern besetzten Burgen zu belagern und zurückzuerobern.
Am 7. Juli 1307 starb Edward. Unter seinem Nachfolger Edward II., als Feldherr

und Stratege weit weniger begabt, kam es am 24. Juni 1314 zur entscheidenden Schlacht. Die Engländer hatten 15 000 Mann Fußvolk und Bogenschützen sowie ungefähr 2000 Ritter auf mächtigen Schlachtpferden aufgeboten. Die Schotten dagegen verfügten über ein Heer von nur rund 5000 Mann Fußvolk und eine 500 Mann starke leichte Kavallerie. Aber sie kämpften für ein unabhängiges Vaterland. Und so siegten sie auf dem Schlachtfeld von Bannockburn trotz ihrer zahlenmäßigen Unterlegenheit gegen einen schlecht geführten Gegner derart überlegen, dass Edward fliehen musste. Schottland war unabhängig: ein Volk, eine Nation.
Sowohl Edward II. als auch sein Sohn Edward III. versuchten auf diplomatischem Wege mit Hilfe Roms, diese Unabhängigkeit annullieren zu lassen. Aber der schottische Hochadel und die Kirche standen hinter Robert I. Rom ließ sich schließlich eines Besseren belehren. Und auch Edward III. sah endlich ein, dass er Robert the Bruce als König eines unabhängigen Schottlands anerkennen musste. Am 17. März 1328 wurde der Vertrag von Edinburgh unterzeichnet, in dem Edward alle Ansprüche an Schottland aufgab.
Über 600 Jahre später, am 24. Juni 1964, enthüllte Königin Elizabeth II. auf dem Schlachtfeld von Bannockburn ein Reiterstandbild. Auf einem Pferd sitzt aufrecht, stolz und Ehrfurcht gebietend Robert the Bruce als König von Schottland. Erhobenen Hauptes blickt er über die Ebene. Doch sein unabhängiges Schottland existiert seit 1707 nicht mehr.

Mary, Queen of Scots

Überall in Schottland, in den Lowlands und in den Highlands, stößt man auch auf Erinnerungen an eine der tragischsten und zugleich romantischsten Heldinnen des Landes, so zum Beispiel im Palast von Linlithgow. Dort wurde Mary Stuart, die Tochter des Schottenkönigs James V., am 8. Dezember 1542 geboren. Sie ist als letzte unabhängige Königin Schottlands in die Geschichte eingegangen. Die Ruine von Linlithgow wirkt auch heute noch genauso majestätisch wie der Palast in seiner Glanzzeit. Das erste Bauwerk brannte 1424 vollständig ab, und James I. ließ im darauffolgenden Jahr einen neuen Palast errichten. Aber in der letzten Januarnacht 1746 fiel das Schloss durch die Unachtsamkeit der dort einquartierten Soldaten des Herzogs von Cumberland abermals den Flammen zum Opfer. Seitdem ist Linlithgow eine eindrucksvolle Ruine, das Geburtshaus der Königin der Schotten deutschen Schulkindern bekannt durch Fontanes »Archibald Douglas« – »Ich hab es getragen sieben Jahr, ich kann es nicht tragen mehr ...«.
Zur Ehrfurcht einflößenden Festung Stirling Castle hoch über dem Forth hatte man Mary als Säugling aus Linlithgow gebracht, um sie vor den Häschern Heinrichs VIII. zu verbergen. Dieser wollte Mary mit seinem Sohn Edward vermählen, um sich auf diese Weise Schottland einzuverleiben. Aber hier in Stirling wurde die neun Monate alte Mary am 9. September 1543 in der Church of the Holy Rude zur Königin der Schotten gekrönt – ein deutliches Zeichen an die Welt für ein unabhängiges Königreich Schottland.
Als sein Plan gescheitert war, schickte Heinrich VIII. im Jahr 1544 sein Heer aus, um alles dem Erdboden gleichzumachen, Edinburgh und die umliegenden Ortschaften zu plündern und niederzubrennen, Männer, Frauen und Kinder erbarmungslos umzubringen, sollten sie sich zur Wehr setzen.
1547, als sie Schottland eigentlich schon verloren glaubten, brachten die Adeligen ihre junge Königin von Stirling in das Kloster Inchmahome, das sich auf einer

1 *Die Dryburgh Abbey wurde Mitte des 12. Jahrhunderts erbaut. Hier ihr imposantes Ostportal.* – 2 *Die Dunblane Cathedral weist an Mauerwerk und Säulen im Inneren überraschenderweise die gleichen Witterungsspuren auf wie der Stein außen.* – 3 *Das Marischal College in Aberdeen. Man nennt Aberdeen auch die »silberne Stadt«, weil die Gebäude bei Regen silbern glänzen.*

2

3

Insel im See von Menteith befand. Doch schon nach kurzer Zeit schickten sie die sechsjährige Mary nach Frankreich in Sicherheit. Dort sollte sie auf Wunsch von Heinrich II. den französischen Thronfolger heiraten.
Im französischen Exil und damit in einer kulinarisch wesentlich ergiebigeren Umgebung soll Mary of Scots übrigens ihre Vorliebe für Marmelade entwickelt haben.

Der Überlieferung nach soll das Wort »Marmelade« – das im Englischen übrigens ausschließlich für Konfitüre aus Zitrusfrüchten verwendet wird, alle anderen Sorten heißen Jam – auf Mary zurückgehen. Denn diese liebte Orangenmarmelade so sehr, dass sie immer danach verlangte, wenn sie sich nicht wohlfühlte. Ihre Hofdamen pflegten dann zu rufen: »Vite, vite, Marie est malade!«

Mit 19 Jahren kehrte Mary nach dem frühen Tod ihres Gatten im Triumphzug zu ihrem Volk zurück, entschlossen, ihre Rolle als Königin der Schotten zu erfüllen. Edinburgh wurde Wohnsitz der strenggläubigen katholischen Monarchin. Der Rest ist Geschichte, wenn auch nicht unbedingt wie von Friedrich Schiller dargestellt.Auf jeden Fall war Mary den Querelen und den politischen Ränkespielen am Hof nicht gewachsen. Sie war zwar durchaus klug, machte aber entscheidende Fehler, die sie ihrem eigenen Volk entfremdeten. Und sie bot ihrer Widersacherin, der englischen Königin Elizabeth I., reichlich Anlass, sie als Erzfeindin zu betrachten. Dundrennan Abbey war ihr letzter Aufenthaltsort, bevor sie Schottland für immer verließ. Von hier aus machte sie sich auf den Weg nach England, um sich unter den Schutz ihrer Cousine Elizabeth zu begeben. Das jedenfalls glaubte sie. Aber ihre Flucht nach England führte sie direkt ins Gefängnis. Nach 19 Jahren Haft starb Mary schließlich unter dem Beil des Henkers.
Elizabeth aber wurde nie Königin der Schotten. Deswegen darf sich auch die heutige Queen in Schottland nicht als Elizabeth II. bezeichnen.

Ein Traum will nicht sterben

Mit Marys Hinrichtung vor 400 Jahren war der Traum von einem unabhängigen Schottland im Prinzip ausgeträumt. Und das, obwohl Marys Sohn, James VI. von Schottland, 1603 nach dem Tod von Elizabeth I. als James I. auch zum König von England gekrönt wurde. Erst 376 Jahre später versprach die Regierung in London den Schotten eine eigenständige Legislative, falls in einem Referendum 40 Prozent dafür stimmen sollten. Aus den unterschiedlichsten Gründen wurde dieses Ziel nicht erreicht, auch wenn die Mehrheit den Plan eigentlich befürwortet hatte. 1996 aber wurde die Frage eines unabhängigen schottischen Parlaments erneut aktuell und wieder eine Volksbefragung angesetzt, 289 Jahre nach der Vereinigung der beiden Königreiche. Die Rückkehr des historischen »Schicksal-Steins«, des »Stone of Scone« nach Schottland im Spätherbst 1996 wird von manchem schottischen Nationalisten als Signal dafür gesehen, dass die Eigenständigkeit vielleicht doch noch Wirklichkeit wird. Ein Stein als Symbol also. 700 Jahre lang befand er sich unter dem Thron, auf dem die englischen Monarchen bei ihrer Krönung in der Westminster Abtei in London saßen. Jetzt ist er endlich heimgekehrt nach Schottland, begeistert begrüßt von Hunderten von Schotten, die sich die feierliche Zeremonie an der englisch-schottischen Grenze in der Garnisonsstadt Coldstream nicht entgehen lassen wollten.

Ein Volk mit Sinn für Geld

Aber in bestimmten Bereichen haben die Schotten ohnehin immer ihre Eigenständigkeit beibehalten. Im Justiz- und Bildungswesen zum Beispiel. Aber auch beim Geld. Die großen schottischen Banken drucken ihre eigenen Geldscheine und selbst Ein-Pfund-Scheine, an die sich in England kaum noch jemand erinnern kann, bekommt man in Schottland hin und wieder zu sehen. Auch bei der Ein-

1 *Das Schild eines Kiltmachers auf der Royal Mile in Edinburgh.* – 2 *Die Princes Street im Zentrum von Edinburgh ist die Haupteinkaufsstraße der Stadt. Ursprünglich als Wohnstraße angelegt, ist sie heute größtenteils für Privatverkehr gesperrt und versammelt alle bekannten Geschäfte.*

1

2

Pfund-Münze gab es Konzessionen. Das schottische Ein-Pfund-Stück zeigt auf der Rückseite die schottische Distel und trägt auf dem Rand die Inschrift: »Nemo Me Impune Lacessit« – »Niemand fordert mich ungestraft heraus«.
Apropos Geld. Es gibt Witze, und es gibt Tatsachen. Zunächst zu den Fakten: Schotten können mit Geld umgehen, und zwar auch mit dem Geld anderer. Die Bank von England und die Königliche Bank von Frankreich wurden von Schotten gegründet. Und ein Mann, dessen Namen weltweit mit dem Begriff Geld und Big Business verbunden ist, stammt ebenfalls aus Schottland: Andrew Carnegie. Er wurde 1835 in einem kleinen Häuschen in der Stadt Dunfermline geboren, die sechs Jahrhunderte lang die Hauptstadt Schottlands war. Robert the Bruce und viele andere schottische Könige liegen hier begraben. Carnegie wanderte nach Amerika aus, wurde dort Millionär und Philanthrop. Die erste seiner insgesamt 3000 Carnegie Bibliotheken wurde 1881 in Dunfermline eingerichtet. In dem herrlichen Park »Pittencrief Glen«, auch ein Geschenk Carnegies an die Stadt, befindet sich eine Villa aus dem 17. Jahrhundert, in der regelmäßig Ausstellungen abgehalten werden.

Highland Games

Es ist leicht, der tragischen Geschichte Schottlands zu verfallen und sich allein damit zu beschäftigen. Aber damit täte man dem Land unrecht. Denn es gibt auch das andere Schottland: das Schottland des geselligen Beisammenseins, auch bei nicht-gälischsprechenden Schotten als Ceilidh (sprich Kehlieh) bekannt. Oder das Schottland der Highland Games, wo Männer in Kilt und weißem Unterhemd Kraftakte vollführen, wenn sie zum Beispiel versuchen, einen Baumstamm so weit wie möglich zu werfen. Manchmal schmeißen die Hünen aber auch bloß einen Stein, das heißt dann »putting the stone«. Oder es gilt, beim »throwing the hammer« ein Eisengewicht rücklings über eine Stange zu befördern. Das sind Erinnerungen an die Zeiten der bittersten Armut, die dieses Volk immer begleitet hat. Denn bei den Highland Games kommen schließlich »Sportgeräte« zum Einsatz, die sich schon immer in der Natur gefunden haben. Bis zu zehn Kilogramm wiegen Stein und Eisengewicht, bis zu 54 Kilogramm der Baumstamm, bei einer Länge von 5,80 Metern.
Wuchtig sind die Männer, die derlei Geräte werfen, wuchtig und grobschlächtig. Aber dann sieht man sie auch grazil in Ballettschuhen den »seann truibhas« tanzen oder den »ghillie calum«, auch Schwerttanz genannt. Die Arme hoch in die Luft gehalten, leichtfüßig wie die jungen Mädchen, die diese Tänze bereits den Tag über am Rand des Sportfeldes getanzt haben. Der Höhepunkt einer jeden derartigen Veranstaltung ist der Aufmarsch der »Massed Pipes and Drums«, der Dudelsack-Kapellen. Nicht selten handelt es sich dabei um nichts anderes als ohrenbetäubenden Lärm, der nur bei ganz genauem Hinhören irgendwelche subtileren Klangunterschiede erkennen lässt. Nirgendwo ist dieser Aufmarsch größer als bei den Cowal Highland Games von Dunoon, wo sich am Ende dieses denkwürdigen Tages über 150 Kapellen mit mehr als 1000 Dudelsackspielern aus aller Welt zusammenfinden.

1 *Beim Flora-MacDonalds-Tanz, ein Teil der Highland Dances, wird auch das Kostüm bewertet.* – 2 *Dudelsackspieler im traditionellen Kilt.* – 3 *Das sogenannte »Putting the Stone« ist Vorläufer der olympischen Disziplin des Kugelstoßens.* – 4 *Tauziehen heißt auf Englisch »Tug o' War«, dabei maß man sich früher Clan gegen Clan.* – 5 *Die bunt geschmückten Dudelsackspieler sind zentrales Element bei den Highland Games.*

1

2

Uralte Spiele unter königlicher Patronage

Der Ursprung der Highland Games ist unklar. Manche Quellen aber lassen darauf schließen, dass die ersten Braemar Games im 11. Jahrhundert von König Malcolm Canmore organisiert wurden, um die besten Kuriere im Land zu ermitteln. Geschwindigkeit in der Nachrichtenübermittlung war schon damals von größter Bedeutung. Und die Braemar Games sind auch heute noch die wichtigsten Spiele im gesellschaftlichen Kalender Schottlands.

Das Ereignis heißt deshalb auch »The Gathering of the Braemar Royal Highland Society«, denn dann erscheint geschlossen die Königliche Familie, die jedes Jahr nicht weit von hier auf Schloss Balmoral ihre Sommerferien verbringt. Allerdings muss man inzwischen eher sagen »erschien«, denn bei den letzten Spielen fehlten immer wieder einige Mitglieder, bis bestimmte »Eingeheiratete« ganz und gar aus dem königlichen Umfeld verschwanden. Wer noch dazugehört, sitzt zusammen mit der Königin im Royal Pavilion, die Prinzen Philipp und Charles in Kilt und Sporran gekleidet.

Der Name Balmoral kommt von dem gälischen Wort Bouchmorale, was so viel bedeutet wie majestätisches Haus. 1484 wurde das Schloss zum ersten Mal erwähnt. Aber das heutige Gebäude ist ein Umbau im Scottish-Baronial-Stil, den Prinz Albert durchführen ließ, nachdem er das Anwesen 1852 für 31000 Pfund gekauft hatte. Der britische Hochadel und die Royals in viktorianischer Zeit hatten ein sicheres Gespür dafür, ihren Residenzen ein eindrucksvolles Äußeres zu verleihen. Aus der Ferne betrachtet, hat Schloss Balmoral mit seinen vielen Zinnen und Türmen sogar etwas Verspieltes. Der hellgraue Stein hebt sich klar und zuckerbäckerartig von dem Grün der Wiesen, Weiden und Wälder ab. Und wenn dann noch die Sonne durch den häufig verhangenen, grauen Himmel von Royal Deeside bricht, dann wirkt das fast so, als würde das Märchenschloss von einem riesigen Scheinwerfer angestrahlt.

Südlich vom Schloss überragen die Berge von Lochnagar mit elf Gipfeln über 920 Meter das Bild. Prinz Charles schrieb hier für seine jüngeren Brüder die Geschichte vom Alten Mann von Lochnagar, und er illustrierte das Buch auch selbst. Die Kritiker waren begeistert – was natürlich kaum verwundert. Blaues Blut verleiht eben gewisse Privilegien – wenngleich von Schloss Balmoral behauptet wird, dass sich selbst die Royals hier benehmen wie ganz normale Menschen, die in den Highlands einfach nur Ferien machen.

Es gibt außerdem zwei Klischees, die ebenfalls häufig im Zusammenhang mit Schottland zur Sprache kommen. Da wären einmal die berühmten Witze über die geizigen Schotten. Dazu muss man sagen, dass diese Scherze wohl eine Schöpfung des Auslands sind, also aus England stammen. Die Schotten selbst erzählen solche Witze allerdings auch – nur stammen die Geizkragen bei ihnen ausschließlich aus Aberdeen.

Das zweite Klischee betrifft dagegen die emsigen Schotten, die Erfinder und Erneuerer, die Tüftler – in Deutschland vielleicht mit den Schwaben zu vergleichen. Dieses Vorurteil entspricht auf jeden Fall weit eher den Tatsachen als die Sache mit dem Geiz. Da wäre zum Beispiel James Watt. Er baute die erste funktionierende Dampfmaschine und leitete damit die Industrielle Revolution ein. Oder Adam Smith. Er war einer der einflussreichsten Ökonomen des 18. Jahrhunderts. Dann James Simpson, der entdeckte, dass sich Chloroform bestens zum Betäuben eignete. James Young entwickete die erste Ölraffinerie der Welt, und Alexander Graham Bell tat mehr für die Kommunikation als irgendein anderer – er erfand das Telefon. Alexander Fleming schließlich machte eine der größten medizinischen Entdeckungen mit dem Penicillin. Man könnte die Liste ziemlich lang weiterführen, aber das würde nur die Minderwertigkeitskomplexe der Engländer schüren.

1 *Die Union Street in Aberdeen ist eine der beliebtesten Einkaufsstraßen der Stadt.* – 2 *Der Zuschauerraum des »His Majesty's Theatre«. Das Theater wurde 1906 eröffnet und ist im viktorianischen Stil gebaut.* – 3 *In gälischer Sprache weist das Straßenschild den Weg zur Insel North Uis.*

Ein bisschen Häme muss sein

Allzu zurückhaltend sind die Schotten in dieser Hinsicht aber dann doch wieder nicht. So können englische Besucher Geschirrhandtücher kaufen, auf denen ihr Alltag folgermaßen dargestellt wird: »Der durchschnittliche Engländer zieht, bevor er sein Haus verlässt, einen Regenmantel an, der von einem Chemiker names Charles Macintosh aus Glasgow patentiert wurde. Auf seinem Weg zum Büro schreitet er auf einer Straße, deren Teerbelag von John Macadam aus Ayr in Schottland erfunden wurde. Er fährt ein Auto, dessen Reifen eine Erfindung des Schotten John Boyd Dunlop sind, Tierarzt aus Dreghorn. Im Büro öffnet er Briefe, die mit gummierten Briefmarken frankiert sind. Der Buchhändler John Chalmers aus Dundee erfand die klebende Briefmarke. Während des Tages telefoniert er mehrere Male. Der Erfinder des Telefons, Alexander Graham Bell, wurde in Edinburgh geboren. Abends kommt ihm seine Tochter auf einem Fahrrad entgegen, eine Erfindung von Kirkpatrick MacMillan aus Thornhill in Dumfriesshire. Er guckt in den Fernseher, an dessen Entwicklung John Logie Baird beteiligt war, und sieht eine Sendung über die US-Navy, die vom Schotten John Paul Jones gegründet wurde. Verzweifelt greift er zur Bibel – deren Übersetzung von König James VI. in Auftrag gegeben wurde. Da hilft nur ein guter Schluck schottischer Whisky.«

Die Clearances

Vom Witz der Gegenwart noch einmal zurück zu einer Tragödie der Vergangenheit. Es ist so gut wie unmöglich, über Schottland zu schreiben, ohne 1792 zu erwähnen, das Jahr des Schafs, oder wie die Gälen sagen, »Bliadhna nan Caorach«. Es war ein langes Jahr und dauerte bis in die Zwanzigerjahre des vorigen Jahrhunderts. Das Datum 1792 symbolisiert den Beginn eines der beschämendsten Kapitel in der Geschichte Schottlands. Zu Zeiten des Clansystems zahlten die Lehnsbauern den Großgrundbesitzern oder Chiefs für die Benutzung ihres Landes, indem sie Militärdienst leisteten. Doch nach der Zerschlagung der Clans als Folge der verlorenen Schlacht von Culloden wurde stattdessen eine Pacht verlangt, die von den meisten Kleinbauern (Crofters) nicht geleistet werden konnte.

Die neuen Herren des Landes stammten zum größten Teil aus den Lowlands oder England. Um Platz zu schaffen für Schafe, die ihnen wesentlich mehr Geld einbrachten (und später auch für die Rotwildjagd), vertrieben sie ihre Lehnsbauern von den Crofts. Tausende mussten unter den menschenunwürdigsten Umständen die Highlands und westlichen Inseln verlassen und wurden in fremde Länder verschifft – nach Australien, Amerika und Kanada. Vielen der rund fünf Millionen Schotten sind diese Clearances, diese Säuberungen, noch heute so gegenwärtig, als hätten sie nicht vor Generationen, sondern zu ihren Lebzeiten stattgefunden. Besucher, die sich an der Leere von Sutherland und den Inseln erfreuen, sollten bedenken, dass hier einst viele Menschen gelebt haben. Die Clearances hatten auch viel mit dem Neid der Chiefs und der Eigentümer auf ihre wohlhabenden Zeitgenossen im Süden zu tun. Zwar besaßen die Landlords im Norden viel Land, aber sie waren dennoch relativ arm. Die Täler waren überbevölkert. Der Boden war mager und karg, kaum in der Lage, die damaligen Blackcattle-Farmen und die Subsistenz-Landwirtschaft zu unterhalten. Die Chiefs und Eigentümer verschuldeten sich. Ihre Frauen und Töchter sehnten sich nach dem kultivierten Leben in Edinburgh, die Söhne nach einem guten Offizierspatent in einem englischen Regiment.

Schafe bringen Reichtum

Die Rettung kam für die Großgrundbesitzer in Form des »vierbeinigen Clansman«, des »a'chaorach mhor«, des großen Weißgesichts aus den Cheviot Hills – eines

1 *Die Distel ist das Wahrzeichen Schottlands.* – 2 *Eyemouth hat eine florierende Fischerflotte, was das gesamte Dorf prägt.* – 3 *Das Schild »Keine Hunde« scheinen fast die Schafsböcke selbst aufgestellt zu haben.*

2

3

1

2

Schafs also. Gegen Ende des 18. Jahrhunderts war das Great Cheviot bis nach Ross vorgedrungen und Anfang des 19. Jahrhunderts hatte es sich schon in Sutherland etabliert.
Die wenigsten Landbesitzer zeigten auch nur das geringste Interesse daran, Schafzüchter zu spielen. Sie verpachteten ihr Weideland an Leute aus den Borders und Northumbria. Aber ihre finanziellen Sorgen waren dadurch nicht behoben. Viele sahen sich gezwungen, ihr Land an die neuen Pächter zu verkaufen. Den alten Landarbeitern und Crofters wurde kurzerhand gekündigt. Wer sich weigerte zu gehen, den holten Büttel und Sheriff gewaltsam aus dem Haus, das dann sofort in Brand gesteckt wurde.
Die schlimmsten Clearances fanden hoch oben in Sutherland statt. Hier lagen die Ländereien des 1. Duke of Sutherland. Seine Familie war einmal Europas größter Grundbesitzer, und: ihr Schloss Dunrobin Castle, seit ungefähr 1275 Stammsitz, gehörte zu den opulentesten Schlössern Europas.
Selbst Königin Victoria erblasste bei seinem Anblick vor Neid. Und das will etwas bedeuten, denn auch der restliche schottische Hochadel war nicht gerade bekannt dafür, dass er seinen Reichtum verbarg. Für die meisten Highlander aber ruft die bloße Erwähnung des Namens »Duke of Sutherland« noch heute Erinnerungen wach an schreckliches Leid, an die Clearances eben. In seinem Auftrag wurden 15 000 Highlander an die Küste gebracht und darüber informiert, dass sie nunmehr ihren Lebensunterhalt als Fischer verdienen müssten oder Seetang zu sammeln hätten. Für die meisten war das der Anfang vom Ende.

Einsame Inseln und Täler

Bei der Volkszählung 2001 lebten 99 660 Menschen auf 95 schottischen Inseln. Zehn Jahre zuvor waren es noch über 100 000 gewesen, allerdings auf nur 87 Inseln. Die letzte Volkszählung zeigt, dass die Insel Lewis und Harris mit etwas über 20 000 Einwohnern die größte Bevölkerung aufweist. Aber insgesamt gesehen verzeichnen die Western Isles den größten Bevölkerungsschwund: über 3000 Menschen weniger. Die Insel Benbecula büßte 30 Prozent ihrer Bevölkerung in der Dekade zwischen den beiden Volkszählungen ein. Und die guten Nachrichten? Nun, am stärksten wuchs die Bevölkerung auf Easdale: von 41 1991 auf 58 2001 – das ist ein Bevölkerungszuwachs von 41 Prozent. Auf Arran nahm die Bevölkerung in den vergangenen zehn Jahren um 600 auf 5000 zu. Die jüngste Bevölkerung haben die Inseln Fair Isle und Vatersay. Auf Vatersay sind 32 Prozent unter 16, auf der Fair Isle fast 29 Prozent. Anders sieht es auf Lismore aus. Da sind 45 Prozent der Menschen über 60, auf Cumbrae sind es 40 Prozent. Entvölkerung ist nach wie vor eine große Gefahr für viele Inselgesellschaften. Es gibt doppelt so viele Inseln mit Bevölkerungsschwund wie solche mit zunehmender Einwohnerzahl.
Jedes Jahr erscheinen Bücher über die Geschichte der Clearances, aber keines erregte so viel Ärger wie »Wild Scots, Four Hundred Years of Highland History« von Michael Fry, erschienen im Jahr 2006. Fry behauptet, dass die Berichte über die Säuberungen im 18. und 19. Jahrhundert übertrieben seien und völlig außer Acht ließen, dass die Bewohner der Inseln und der Highlands selbst abwandern wollten, um der allenthalben herrschenden Armut zu entkommen. Kritiker bezeichneten ihn als den »David Irving der Clearances« – Irving ist der wohl bekannteste englische Apologet des Nationalsozialismus.
Die Menschen hat man nie wieder in die Highlands und auf die Islands zurückholen können. Aber dafür wird überlegt, ob man vielleicht den Wolf wieder im Hochland ansiedeln sollte. Ungefähr Mitte des 18. Jahrhunderts wurde der letzte *Canis*

3

Lupus in Großbritannien erlegt. Jetzt meinen Tierschützer, dass es etwas heuchlerisch sei, wenn wir uns für die Erhaltung des indischen Tigers, des mexikanischen Jaguars und des nepalesischen Leoparden einsetzen, aber nicht bereit sind, in unserem eigenen Land ein paar Wölfe frei herumlaufen zu lassen. Die Entscheidung könnte schon ziemlich bald fallen. Vielleicht ist die schottische Fremdenverkehrsbehörde also schon in Kürze um eine Attraktion reicher.

1 *Malerisch liegt die alte Steinbrücke in den Cuillin Hills bei Sligachan auf Skye.* – 2 *Von Port Appin, nördlich von Oban, kann man mit einer Fußgängerfähre die Insel Lismore besuchen.* – 3 *Ein typisch keltisches Hochkreuz auf der Insel Iona.*

Glasgow
Forth Road Bridge

Die Princes Street in Edinburgh wirkt bei Dämmerung noch majestätischer als bei Tag.

Seite 48/49
Das Mercat Cross auf der Royal Mile in Edinburgh. Hier war einst der Mittelpunkt des städtischen Lebens. Noch heute werden hier wichtige Bekanntmachungen feierlich verkündet.

You can't snog in the back row
of a Fringe show.
EDINBURGH
605
Lothian

Die Borders und die Lowlands

Mit ihren grünen Kuhweiden, durchzogen von kristallklaren Bächen und sanften Hügeln, wirken die Borders harmonischer als die rauen Berge und Täler der Highlands. Sie lassen aber oft schon ahnen, was dem Mutigen bevorsteht, der sich weiter in die Highlands und Islands vorwagt. Die gälisch-sprechende Bevölkerung hat einen eigenen Namen für die Lowlands: A'Ghalldachd. Das heißt so viel wie »Stätte der Fremden«. Dies ist das Gebiet, das schon sehr früh in ihrer Geschichte von den Engländern beherrscht wurde. Aber auch hier herrscht Natur vor. Wer im leichten Herbstnebel über die Lammermuir Hills fährt, der kann leicht vergessen, dass er nur ein paar Kilometer weiter in das hektische Treiben von Edinburgh gerät. Die Borders und der Süden Schottlands sind ein Gebiet, das besonders Erholungssuchende und Golfspieler schätzen. Geografisch liegt der größte Teil der Lowlandküste an der Nordsee. Das Klima ist deshalb nicht ganz so harsch wie an der sturmgepeitschten Atlantikküste der Highlands.

Threave Castle steht auf einer Insel im River Dee in Dunfriesshire. Erbaut wurde es im 14. Jh. von Archibald dem Grimmigen.

Das schottische Burgenland

Gretna Green – Coldstream – Kelso – Jedburgh – Melrose Drybugh – Floors Castle – Traquair House – Peebles – Drummelzier – St. Abbs – Glasgow - Edinburgh

Für die Engländer, die über die Jahrhunderte immer wieder vom Süden her eindrangen, um das Land für sich zu vereinnahmen, beginnt Schottland in den sogenannten Borders, dem Grenzland. Heute bilden die beiden schottischen Regionen Dumfries & Galloway und Scottish Borders dieses Gebiet. Vom Solway Firth im Westen bis dorthin, wo der Tweed in die Nordsee fließt, war oft im wahrsten Sinne des Wortes der Todesstreifen zwischen den beiden verfeindeten Völkern, der Schauplatz ihrer blutigen Auseinandersetzungen. Als beispielsweise Lord Hertford in die Borders kam, um wieder einmal die Erben der beiden Königreiche zusammenzubringen, da schickte er seinem König in London die folgende Botschaft über die »Erfolge« seiner Reise: »[…] sieben Klöster niedergebrannt, vier Abteien, 500 Marktstädtchen, 243 Dörfer […].«
Schon der römische Kaiser Antonius Pius, eigentlich ein friedliebender Herrscher, ließ in Schottland einen Grenzwall bauen, der vom Clyde zum Firth of Forth verlief, um sich die wilden Horden aus dem Norden vom Pelz zu halten. Sein Adoptivvater Hadrian hatte bereits weiter südlich im heutigen England aus demselben Grund einen Wall errichten lassen, der sich zwischen der Solwaybucht und der Tynemündung erstreckt.
Im südlichen Schottland und natürlich vor allem wieder im Grenzgebiet übten jahrhundertelang auch Viehdiebe, Straßenräuber und Freibeuter von beiden Seiten ihre »freiberufliche« Tätigkeit aus. Es wurde gestohlen, was das Zeug hielt, es wurde geraubt, geplündert und abgefackelt und immer wieder neu aufgebaut. Aber es waren vorwiegend die »Reivings«, die Viehdiebstähle, die in die romantisierend verklärte Geschichte der Borders eingingen. Als James I. 1603 den Thron eines Vereinten Königreichs bestieg, ließ er als einen seiner ersten Staatsakte ein paar Dutzend »Reivers« aufhängen, um anderen potenziellen Viehdieben zu bedeuten, dass sie gefälligst von ihrem Treiben absehen sollten.

Scott und Burns

Heute ist der Süden Schottlands ein Begriff für nicht allzu raue Romantik. Zwei literarische Persönlichkeiten unterschiedlichster Herkunft trugen dazu bei. Sir Walter Scott, der wie kein anderer ein völlig fiktives, romantisierendes Bild der Schotten schuf, dessen Bücher aber heute kaum noch gelesen werden, und der Volksdichter Robert Burns, den die Schotten heiß verehren. Er ist der wahre nationale Barde, der Dichter der schottischen Seele, der Poet der einfachen Leute. Robert Burns schrieb natürlich im Dialekt der Lowlandbewohner, dem Scots, so dass er von jedem Schotten verstanden, von

1 *Die Ruine der Dryburgh Abbey liegt am Rande des Örtchens St. Boswell. Sir Walter Scott liegt hier begraben.* – 2 *Das Haus von Sir Walter Scott in Abbotsford nahe Melrose ist eine Touristenattraktion.*

1

2

1

2

den Engländern selbst aber nicht direkt vereinnahmt werden konnte.
An jedem 26. Januar feiern die Schotten die »Burns Night«. Dann werden seine Gedichte vorgetragen, seine Lieder gesungen, unendlich viel Whisky wird getrunken und »Haggis« verspeist – ein Arme-Leute-Gericht, das rein äußerlich eine gewisse Verwandtschaft mit Pfälzer Saumagen hat und bei vielen Leuten ähnliche Gänsehaut hervorruft, aber als kulinarische »Spezialität« dennoch heute wieder groß in Mode ist.

Gretna Green – das Hochzeitsparadies

Verweilen wir nach dieser kleinen Abschweifung ruhig noch ein bisschen im Süden, in den Borders. Heute ist Gretna Green nichts weiter als eine Touristenattraktion, eine Erinnerung an alte Zeiten. Aber bis kurz vor dem Zweiten Weltkrieg hatte es eine besondere Bedeutung. Liebespaare reisten von England in den ersten schottischen Ort und ließen sich vom Dorfschmied über dem Amboss in Gegenwart von zwei Zeugen trauen. In Schottland gab es bei Eheschließungen nämlich keine Formalitäten, wurde nicht auf einem Aufgebot bestanden.
Bis 1753 konnten sich Engländer noch für ein kleines Entgelt heimlich im Fleet Prison in London von inhaftierten Priestern trauen lassen, die nichts zu verlieren hatten. Doch dann kam ein Gesetz, das diesen Umtrieben ein für allemal Einhalt gebieten sollte. Es verlangte ein Aufgebot, eine Heiratsurkunde und vor allem die Trauung in einer Kirche. Damit war Schottland als Heiratsparadies interessant geworden. 1856 wurde diese Form von Eheschließung (by declaration) allerdings verboten. Einer der Ehepartner musste von da an nachweisen, dass er seit wenigstens 21 Tagen in Schottland lebte. Seit 1940 genügt auch die Erfüllung dieser Voraussetzung nicht mehr, denn das so erklärte »Ja-Wort« wurde völlig verboten. Trotzdem finden in Gretna Green auch heute noch Trauungen statt, allerdings nur noch von (meistens ohnehin schon verheirateten) Ausländern.

Ruinen, Schlösser, Könige

Weit im Osten der Borders, bei dem Städtchen Coldstream, markiert der Tweed seit 1018 die Grenze zu England. Eine herrliche Brücke mit sieben Bögen, gebaut in den sechziger Jahren des 18. Jahrhunderts, überquert hier den Fluss. Auf der schottischen Seite befand sich das Zollhaus. Auch hier wurden Eheschließungen mit dem Minimum an Formalitäten vollzogen. Heute erinnert nur eine Tafel daran. Dass Gretna Green und nicht dieses wunderschöne Städtchen sich einen Ruf als »Hochzeitsparadies« erwerben konnte, entpuppte sich als ein Segen für diesen Ort, der einem der berühmtesten schottischen Regimenter den Namen gab: the Coldstream Guards.
Nur wenige Kilometer entfernt den Tweed entlang liegt das Städtchen Kelso mit seinem herrlichen, für einen so kleinen Ort großzügig angelegten Square. Hier steht auch die erste der vielen Ruinen alter, ehrwürdiger Kathedralen. Kelso Abbey galt als die Schönste unter ihnen, ein großartiges Beispiel normannischer Baukunst. Jedburgh, Kelso, Melrose und Dryburgh Abbey sind eindrucksvolle Zeugen der kriegerischen Vergangenheit

3

4

5

1 *Scotts View wurde benannt nach dem Schriftsteller Sir Walter Scott, der hier immer auf seinem Weg von und nach Abbotsford anhielt, um die Aussicht zu genießen.* – 2 *Im Dorf Gretna Green finden zahlreiche Hochzeiten statt.* – 3 *Denkmal von Burns in Dumfries.* – 4 *Auf dem St. Michaels Friedhof in Dumfries befindet sich das Mausoleum des Dichters Robert Burns.* – 5 *Die Braut kommt in Weiß, aber ein schottischer Bräutigam, der etwas auf sich hält, trägt an diesem Tag seinen feinsten Kilt.*

1

2

3

des Landes und der Tatsache, dass die Grenze zwischen Schottland und England hart umkämpft war. Immer wieder wurden die Abteien der Borders zerstört und danach erneut aufgebaut. So ließ der englische König Edward II. 1322 das Kloster von Melrose dem Erdboden gleichmachen. Im Jahr 1326 wurde es von Robert the Bruce abermals errichtet, 1385 von Richard II. demoliert, von Neuem erstellt und 1545 auf Geheiß von Heinrich VIII. endgültig vernichtet.
Aber nicht nur die ehemaligen Klöster beeindrucken den Besucher, die Städtchen selbst sind äußerst malerisch, laden zum Verweilen, zum Eingewöhnen ein.
Das Städtchen Jedburgh mit seinen 4000 Einwohnern erfuhr in früheren Jahrhunderten immer als Erstes, wenn die Engländer wieder einmal einmarschiert waren. Vielleicht ist das der Grund, weshalb man hier noch heute in den Straßen ein traditionelles Handballspiel liebt, bei dem der mit Stroh gefüllte Ball den Kopf eines Engländers darstellt.
Wer hinausfährt aus dem Ort in eine liebliche Hügellandschaft, der kommt nach Floors Castle, dem Sitz der Herzöge von Roxburgh. Das Schloss hat vielleicht ein paar Zinnen, Kamine und Türmchen zu viel, um architektonisch bedeutend zu sein, ist aber natürlich trotzdem sehenswert. Bereits der fünfte Earl von Roxburgh war 1707 von Königin Anne zum Herzog ernannt worden, weil er sich uneingeschränkt für die Union mit England eingesetzt hatte. Und auch der heutige inzwischen zehnte Herzog hält wenig von einem unabhängigen Schottland. Er ist mit der Schwester des Herzogs von Westminster verheiratet, dem größten Grundbesitzer Londons. Der französische Schauspieler Christopher Lambert erzielte Weltruhm mit einem Kinostreifen, der zum Teil hier gedreht wurde, dem Tarzanfilm »Greystoke«.
Wie so viele Herrschaftshäuser ist auch Floors Castle für Besucher geöffnet, um wenigstens einen Teil der hohen Unterhaltskosten wieder hereinzuholen. Ansonsten beschäftigt sich der zehnte Duke mit der Verwaltung seiner über 320 000 Hektar großen Ländereien, die aus Nutzwald und Weideland bestehen. Es ist typisches Borders-Land: breite, grüne Täler, Flüsse und kleine Bäche, die sich hier noch unbegradigt durch die Landschaft schlängeln dürfen.

Verschlossenes Tor

Nur wenige Kilometer südöstlich von Peebles steht Traquair House. Es soll das älteste kontinuierlich bewohnte Haus Schottlands sein. Seit wann es wirklich existiert, weiß keiner. Aber um das Jahr 950 herum, so erklärt die Broschüre der heutigen Hausherrin Catherine Maxwell-Stuart, stand hier eine »heather hut«, eine Heidekate. Belegt ist auf jeden Fall, dass Alexander I. als Erster einer langen Reihe schottischer Könige im Jahr 1107 dort übernachtete. Insgesamt 27 schottische und englische Monarchen sollen Traquair House in seiner langen Geschichte besucht haben. 1478 verkaufte William Rogers, der Hofkapellmeister von James III., Traquair House samt Inhalt für ganze 70 »Scots Merks« an den Earl of Buchan, der es wiederum für seinen Sohn erwarb, James Stuart. 1491 erhielt James das Geschenk seines Vaters, er war der erste Laird of Traquair. Mary Stuart besuchte Traquair House im August 1566 zusam-

1 *Romanischer Torbogen der Jedburgh Abbey.* – 2 *Mellerstain House in der Nähe von Kelso ist ein Meisterwerk des großen Architekten William Adam. 1725 begann er mit dem Bau, der siebzig Jahre später von seinem Sohn Robert beendet wurde.* – 3 *Floors Castle, Sitz des Herzogs von Roxburghe, wurde ebenfalls von Adams erbaut.* – 4 *Das Mary-Queen-of-Scots-Haus in Jedburgh.* – 5 *Melrose Abbey wurde 1136 von Zisterziensermönchen gegründet. Die Überreste des gotischen Klosters liegen schöne im Grünen.*

4

5

men mit ihrem Mann, Lord Darnley. Noch heute kann man ihren Rosenkranz, ihr Kruzifix, ihre Geldbörse und die Wiege bewundern, in der sie ihren Sohn geschaukelt hat: James, den zukünftigen König von England und Schottland. Ein Vorfahre von Catherine Maxwell-Stuart, der fünfte Earl of Traquair, ließ übrigens die Hauptzufahrt zum Schloss, das Bärentor, an einem Herbsttag im Jahre 1745 hinter seinem Gast, Prinz Charles Edward Stuart, verschließen: »[...] bis wieder ein Stuart auf dem schottischen Thron sitzt.« Bonnie Prince Charlie, Ururenkel Mary

Stuarts, war der letzte schottische Thronanwärter. Er starb im französischen Exil 1788 – ein Jahr vor Ausbruch der Revolution. Das Bear Gate in Traquair House blieb bis heute verschlossen. Die Besucher stört es nicht, dass sie das Grundstück sozusagen durch den Nebeneingang betreten müssen. Sie kommen, um ihre Hochzeit zu feiern, Kongresse oder Unternehmensseminare zu veranstalten. Man kann aber auch in einem der feudalen »Craft workshops« Andenken einkaufen oder das vom Laird selbst gebraute Bier genießen.

Merlins Grab

Ebenfalls in der Nähe von Peebles befindet sich in Drummelzier einer der legendären Orte, an denen der große Magier Merlin begraben liegen soll.
Thomas der Reimer, ein Hellseher aus dem 13. Jahrhundert, hatte vorausgesagt: »Wenn Tweed und Powsayl sich an Merlins Grab treffen, werden England und Schottland einen Monarchen haben.« An dem Tag, an dem Elizabeth I. starb und James VI. von Schottland den englischen Thron erbte, trat der Tweed über seine Ufer, überschwemmte Drummelzier bis hin zum benachbarten Powsayl. Die Wahrscheinlichkeit, dass Merlin hier begraben liegt, ist gar nicht so abwegig, würde er sich doch ganz in der Nähe des Königs befinden, dem er so lange und so treu gedient hatte. Denn nicht weit entfernt, unter den drei Kuppen der Eildon Hills, gibt es eine riesige Höhle, von der die Einheimischen zu berichten wissen, dass hier König Artus und seine Ritter schlafen, um irgendwann wieder aufzuwachen und das Land zu retten.

Schottische Sprache

Die Lowlands unterschieden sich schon immer von den benachbarten Highlands. Nicht allein darin, dass hier über die Jahrhunderte auch eine andere Sprache gesprochen wurde als im Hochland und auf den Inseln. Sie heißt Scots und geht auf das Alt-Englisch zurück, das im 7. Jahrhundert von den Angeln aus dem nördlichen Northumbria nach Südschottland gebracht wurde.
Im 10. und 11. Jahrhundert breiteten die gälischsprechenden Könige von Alba ihr Reich bis nach Südschottland aus. Erst die vom normannischen Einfluss geprägten schottischen Könige, allen voran David I. (1124–53), kehrten diesen linguistischen Trend wieder um. Englisch verbreitete sich in Schottland zudem durch die vielen Immigranten jener Zeit. Das waren englischsprachige Diener und Hausangestellte, flämische Grundbesitzer und Mönche aus Frankreich sowie England, die auf Einladung des Königshauses nach Schottland kamen. Die Sprache des Hofs und des Adels war allerdings normannisches Französisch. Das einfache Volk jedoch verständigte sich in einer Variante des alten Nordenglisch mit starken Einflüssen des skandinavischen Idioms der Wikinger, die sich im nördlichen und mittleren Teil Englands niedergelassen hatten. Diese Mischung, manchmal Anglo-Dänisch genannt, hatte einen noch größeren Einfluss auf die Sprache, die später als Scots bekannt wurde, als das ursprüngliche Alt-Englisch. Viel trug die schottische Reformation (1542–60) zur Anglisierung von Scots bei. Die Minderwertigkeitsgefühle der Lowland-Schotten gegenüber den Engländern unterstützten diesen Prozess. Englisch galt als fein, Scots als eher vulgär, obwohl auch viele große Dichter in dieser Sprache schrieben: Burns, Scott, Hogg, Lewis G. Gibbon und der 1978 gestorbene Erfinder der »Poesie der Fakten« Hugh MacDiarmid.

1 und 2 *Dryburgh Abbey in der Nähe von Melrose wurde 1150 gegründet. Nach mehrmaligen Bränden wurde es 1544 endgültig zerstört.* – 3 *Ein Angler fischt im Tweed River in der Nähe von Coldstream.*

2

3

1

2

Gälische Kontakte

Wer heute Schottland besucht, weiß oft nicht, dass in diesem Land einmal ausschließlich Gälisch gesprochen wurde. Den für unsere Augen (von den Ohren ganz zu schweigen) ungewöhnlichen gälischen Wörtern begegnet man vor allem in den Highlands in den Namen der Berge und Täler, der Inseln und Lochs. Die meisten von uns genieren sich, diese fremdartigen Buchstabenkombinationen auszusprechen. Schließlich wissen wir von vorneherein, dass ihr Klang aus unserem Munde nicht einmal annähernd stimmen wird. Seltener begegnet man der gälischen Sprache in den Vor- und Nachnamen, denn ähnlich wie die Waliser, haben sich auch die Schotten in der Regel dem Englischen angepasst. Doch ausgerechnet im Telefonbuch von Glasgow finden sich mehr gälische Namen als in sonst einer Region Schottlands. Denn in Glasgow, das auch die größte Konzentration an gälisch sprechenden Einwohnern aufzuweisen hat, ist die Bewegung der »Gaelic Revival« am stärksten. Dem plötzlichen Interesse an dieser alten Sprache kann man aber nicht so schnell nachkommen, denn es herrscht noch erheblicher Lehrermangel. Bereits Ende des Jahres 2005 gaben die Schulbehörden der Western Isles bekannt, dass sie beabsichtigen, den Grundschulunterricht innerhalb von 15 Jahren komplett auf Gälisch umzustellen. Bis dahin sollen genügend gälischsprachige Lehrer ausgebildet und gälische Schulbücher für alle Grundschulfächer geschrieben worden sein. Bereits im August 2006 wurde in Glasgow die erste gälischsprachige weiterführende Schule eröffnet.

Wie ernst das Gälische heute wieder genommen wird, zeigte der Tod des Dichters Somhairle MacChaluim, besser bekannt unter seinem anglisierten Namen Sorley Maclean. Als der im Jahr 1911 auf der Insel Raasay als Sohn gälischsprechender Crofters geborene Schriftsteller am 24. November 1996 starb, brachten die wichtigsten englischen Tageszeitungen halbseitige Nachrufe. Für die Briten zählt Maclean zu den großen Dichtern des 20. Jahrhunderts. Er schrieb auf Gälisch, beeinflusste aber eine ganze Generation von jungen Autoren.
Die jahrzehntelange Kampagne von Schulbehörden, Politikern, Eltern und gälischen Interessengruppen, Schottlands historische Sprache nicht sterben zu lassen, weist inzwischen Resultate auf, die man noch vor 20 Jahren nicht für möglich gehalten hätte.

Fischereihafen – eine Erinnerung

Wer an Schottland denkt, dem kommt natürlich unweigerlich auch die Fischerei in den Sinn, obwohl diese Industrie schon lange nicht mehr das ist, was sie einst war. Verminderte Bestände, EU-Fischquoten und die riesigen Fabrikschiffe aus Osteuropa haben dazu beigetragen, dass viele der einst blühenden Fischereihäfen nur noch ein Schatten ihrer selbst sind. Eyemouth an der Nordsee jedoch, nördlich der Grenze gelegen, ist heute noch einer der wenigen regen Häfen. Eine große Flotte ist hier zu Hause. Die Fischerei ist seit vielen Generationen die Hauptindustrie des Städtchens. Ein kleines Museum erinnert daran und gedenkt vor allem der 129 Fischer, die 1881 in einem plötzlichen Unwetter umkamen, und dies vor den Augen ihrer entsetzten Familienangehörigen, die am Strand standen und ihnen nicht helfen konnten. Selbst 125 Jahre später, am Samstag, den 14. Oktober 2006, fanden ein Gottesdienst und mehrere Veranstaltungen in Eyemouth statt, um dieser Tragödie zu gedenken.

3

St. Abb's nur wenige Kilometer nördlich hat längst nichts mehr mit der Fischerei zu tun. Dabei wurde das Dorf erst 1832 von Fischern gegründet. Sie nannten es zunächst Northfield, dann Coldingham Shore, bis man ihm den Namen St. Abb's gab. Benannt ist es nach St. Abba, einer Tochter aus dem königlichen Haus von Northumbria, die hier vor 1300 Jahren eine religiöse Stätte gründete.

1 *Das Fischerdorf Eyemouth ist inzwischen auch Ausflugsziel von geplagten Großstädtern.* – 2 *New Abbey ist das Dorf, an dessen Rand sich die Ruine der Sweetheart Abbey befindet. Es ist ein typischer Borders-Ort, ruhig, malerisch, mit einer Mühle, gemütlichen Pubs und pittoresken kleinen Häusern.* – 3 *Das Ruthwell Cross aus dem 8. Jahrhundert ist über 5 Meter hoch.*

1

2 farthings = 1 halfpenny
2 halfpennies = 1 penny
12 pennies = 1 shilling
20 shillings = 1 pound
21 shillings = 1 guinea
2

Es ist ein pittoresker kleiner Erholungsort, in dem die Seevögel lauter sind als die Besucher. Von Mai bis Juni verwandelt sich das Fischerdorf in eine »Bird city«. Zehntausende von Seevögeln, deren Namen nur eingefleischten Ornithologen bekannt sind, kreischen über den Köpfen der Besucher und sorgen für eine beeindruckende Lärmkulisse. Im Herbst, so wissen eben diese Ornithologen zu berichten, kann man hier auch sehr seltene Seevögel beobachten, die Station machen auf dem Weg in wärmere Gefilde. Das Vogelschutzgebiet befindet sich am St. Abb's Head, mit 91,5 Metern die höchsten Klippen an der schottischen Ostküste. Der Leuchtturm wurde 1862 gebaut.
Ein bisschen landeinwärts erreicht man Coldingham mit seinem Kloster, das 1098 von König Edgar an einer Stelle gegründet wurde, an der bereits im 7. Jahrhundert eine Kapelle stand. Das Leben der Mönche und Äbte muss bei den ständigen Kämpfen in dem Gebiet einer permanenten, harten Prüfung unterzogen worden sein. Denn die Mönche unterstanden dem König von England, die Äbte aber dem König von Schottland – gewiss kein leichtes Dasein.

Glasgow

Auch die beiden großen schottischen Städte Edinburgh und Glasgow sind natürlich eine Reise wert. Zwei Drittel der schottischen Bevölkerung leben heute in diesen beiden Städten. Seit Menschengedenken liegen sie miteinander in Fehde. Jede fühlt sich der anderen überlegen, und natürlich sind sie grundverschieden. 1990 schaffte Glasgow endlich auch die Anerkennung von offizieller Seite: Die Stadt am Clyde wurde zur europäischen Kulturhauptstadt ernannt und damit für ihre Anstrengungen ausgezeichnet, ihre traditionelle und längst berühmt-berüchtigte Trostlosigkeit zu überwinden.
Zum neuen Image von Glasgow trug schon seit 1983 ein Museum bei, das mit gutem Grund bereits mehrmals preisgekrönt wurde: die Burrell Collection. Diese Sammlung des Reeders Sir William Burrell fand nach jahrzehntelangem Hin und Her ein wunderbares Heim in einem herrlichen modernen Bau – mitten in einem idyllischen Park, nur wenige Meilen vom Zentrum entfernt. Vor dem Eingang weiden urtümlich-zottelige Highland-Rinder. Glasgow ist aber auch die Heimatstadt der Scottish Opera und des Scottish National Orchestra. Beeindruckend ist die Sammlung der Glasgow Art Gallery and Museum. Eine besondere Freude bereitet die Hunterian Art Gallery in der Universität von Glasgow. Diese neue Galerie verfügt nicht nur über die umfassendste Whistler-Sammlung. Auch Möbel und Designs des Jugendstilkünstlers Charles Rennie Mackintosh haben hier einen wunderbaren Platz gefunden sowie eine Sammlung schottischer Malerei der letzten 100 Jahre. Ende 1996 wurde in Glasgows Bellahoustan Park das House For An Art Lover eröffnet, dessen Entwurf Mackintosh 1901 für den Architekturwettbewerb einer deutschen Zeitschrift eingereicht hatte. Es wurde aber erst 1989 gebaut und kostete vier Millionen Pfund. Der ursprüngliche Entwurf war übrigens abgelehnt worden, weil Mackintosh ihn zu spät eingereicht hatte. Das Haus, in dem sich auch ein Teil der Mackintosh School of Art befindet, ist ein Meisterwerk, das kein Fan des Jugendstilkünstlers auslassen sollte.

3

4

5

1 *Glasgow ist stolz auf seinen Architekten und Designer Charles Rennie Mackintosh. Das Gebäude der Glasgow School of Art gilt als eines seiner Meisterwerke.* – 2 *Noch heute studieren über 1000 Studenten an der 1845 gegründeten Kunsthochschule.* – 3 *Die Front des Glasgower Rathauses.* – 4 *Detail in Glasgows St. Mungo Kathedrale. Sie ist einer der wenigen sakralen Bauten Schottlands, die den Fanatismus der Reformation ab 1560 überlebten.* – 5 *Straßenszene in Glasgow.*

Dass Daniel Defoe Glasgow einst als »die sauberste, schönste und bestgebaute Stadt in Großbritannien« bezeichnete, kann man sich heute kaum vorstellen. Aber man erkennt noch immer an seinen großen, breiten Straßen und repräsentativen Bauten, dass Glasgow einmal eine reiche Stadt gewesen ist.
Noch vor 100 Jahren befand sich hier am Clyde das Zentrum der britischen Werftindustrie. Jedes vierte Schiff, das damals die Weltmeere befuhr, stammte aus einer der zahlreichen Werften, die in jenen Tagen das Bild von Glasgows Riverside prägten. Schiffe aus aller Welt legten früher hier an, brachten Rohstoffe und luden

1

Erzeugnisse der schottischen Schwerindustrie. Schottische Industrieprodukte hatten Weltruf.
Aber schon nach dem Ersten Weltkrieg begann der unaufhaltsame Niedergang des schottischen Schiffbaus, der Eisen- und Stahlindustrie. Daran konnte auch der kurze Boom während des Zweiten Weltkriegs nichts ändern. Heute stammt weniger als ein Prozent aller Schiffe auf den Weltmeeren von den Werften am Clyde. Die Tage, an denen hier solch stolze Schiffe wie die »Queen Mary« oder die beiden »Queen Elizabeth« gebaut wurden, sind nur noch Erinnerung.

Edinburgh

Wenn man den Glaswegians glaubt, dann ist Edinburgh Brodie-Land. Dann sieht man hier also noch immer täglich Muriel Sparks Romanheldin, die weltgewandte Jean Brodie, aufrecht, selbstbewusst und mit einer gewissen provinziellen Eleganz die noble Princes Street entlanggehen.
Edinburgh ist beeindruckend. Die grauen Granithäuser wirken zuerst eher abweisend, aber bei genauerem Hinsehen erkennt man eine feinsinnige Symmetrie, ein Selbstbewusstsein in der Planung, das vielen britischen Städten fehlt.
Über Edinburgh, seit 1437 Hauptstadt Schottlands und königliche Residenz, erhebt sich eine großartige Burg, die mitten im Zentrum hoch auf einem Felsen erbaut ist. Außerdem steht hier Schloss Holyrood House, von dem aus die katholische Mary Queen of Scots versuchte, die Herzen ihres inzwischen protestantischen Volkes wiederzugewinnen. Vergessen darf man aber auch nicht Calton Hill – ein Folly nennt man das auf Englisch, eine Torheit. 106 Meter über der Stadt sollte Calton Hill das Walhalla für Schottlands Dichter und Denker, Soldaten und Staatsmänner, Erfinder und Künstler werden. Dort wurde auch 1822 mit dem Bau von Charles Cockerells Parthenon begonnen. Aber dann ging das Geld aus. Heute bewundert man das unvollendete Werk, das gerade dadurch etwas von seiner Monumentalität verliert.
Unweit von diesem doch irgendwie faszinierenden Bau befinden sich das Alte Observatorium, ein Denkmal für den schottischen Philosophen Dugald Stewart, und das 31 Meter hohe Nelson Monument. Viele Einheimische und Besucher fahren auf den Hügel zur Akropolis Edinburghs wegen der Aussicht auf die Stadt, auf ihre Burg, vor allem aber auf die geschäftige Princes Street. Wer ein anderes Bild der Stadt gewinnen möchte, wer auf die Princes Street verzichten kann und lieber Holyrood House, die schornsteingeschmückten Dächer und ein viel eindrucksvolleres Bild von der Burg erleben möchte, der macht sich die Mühe und steigt auf den kahlen Hügel links neben dem Calton Hill. Arthur's Seat erhebt sich 251 Meter über der Stadt im Holyrood Park. Von hier hat man einen fantastischen Blick auf das Neue Schottland, repräsentiert durch das hypermoderne Parlamentsgebäude.
Architektonisch hat Edinburgh zwei Gesichter: zu Füßen der mächtigen Burg die Old Town mit der Royal Mile, an deren Ende sich der königliche Palast befindet, und die 200 Jahre alte New Town mit ihren großzügigen Boulevards, den Stadtvillen der Aristokratie, mit ihren eleganten Squares und Einkaufsstraßen. Während die Old Town aufgrund Platzmangels hinter den Mauern des Flodden Wall 250 Jahre lang ähnlich wie Manhattan bis zu vierzehn Stockwerke hoch vielgestaltig nach oben wuchs, entstanden die Stadtviertel der New Town auf dem Reißbrett. Als im 18. Jahrhundert schon alles aus den Nähten zu platzen drohte, begann man außerhalb der Mauern mit der Anlage neuer Straßenzüge und Häuser, funktional und übersichtlich auf schachbrettartigem Grundriss. Der künstliche See Nor' Loch unterhalb der Burg wurde 1760 trockengelegt und 1772 die North Bridge gebaut, um die Schlucht, die Edinburghs Old Town von seiner New Town trennte, zu überbrücken. Georgianische Eleganz zog

1 *Die Gallery of Modern Arts ist die populärste Galerie für moderne Kunst außerhalb Londons.* – 2 *Die imposante Burg von Edinburgh thront auf dem Castle Rock über dem Stadtzentrum.* – 3 *Für Shopaholics eignet sich das Einkaufszentrum in Glasgows Princes Square.*

2

3

in die Stadt ein. Es kamen große Architekten und Stadtplaner wie Robert Adam, Thomas Hamilton und James Craig. Dichter und Denker ließen sich in Edinburgh nieder: James Boswell, Robert Burns, Sir Walter Scott, der Philosoph David Hume, der Ökonom Adam Smith, der Maler Sir Henry Raeburn und der Ingenieur Thomas Telford, um nur einige zu nennen. In den Assembly Rooms an der Hanover Street gaben Penderewski oder Pachman Konzerte, hielten Dickens und Thackeray Vorträge und Gladstone seine politischen Reden.

Edinburgh ist ohne Zweifel eine schöne, eine charmante Stadt mit vorzüglichen Restaurants und einem durchaus regen Kulturleben. Zwar gibt es während der Sommermonate in ganz Schottland Festspiele unterschiedlichster Art, aber der Höhepunkt der Saison ist sicherlich das Edinburgh International Festival mit Dutzenden von kulturellen Attraktionen aus aller Welt. Nahezu unschlagbar mit teils bis zu 1000 verschiedenen Aufführungen ist das Fringe Festival, das künstlerischen Randgruppen schon häufig als Sprungbrett zum Weltruhm diente. Mit vielen Fans füllt sich die Stadt auch zum Jazz Festival, und die Writers' Conference zieht weitere Besucher an. Edinburgh ist im Sommer also fast der kulturelle Mittelpunkt der Welt.

Wer dann genug von Theater, Musik und Kabarett hat, der kann sich in der National Gallery of Scotland von der Kunst des 18. Jahrhunderts bis zur Gegenwart begeistern lassen. Wem auch das noch zu viel Trubel ist, dem sei ein Spaziergang im botanischen Garten und eventuell ein Abstecher in die Gallery of Modern Art empfohlen. Alternativ kann man natürlich etwas abseits vom Geschehen eines der Edinburgher Pubs besuchen, wo mit etwas Glück vielleicht eine Gruppe mit Fideln und Gitarren schottische Lieder vorträgt, in die manchmal auch die Einheimischen mit einstimmen.

The Stone of Scone

Es ist ein seltsamer Tag, dieser 14. November 1996. Vier starke Männer in Arbeitsanzügen tragen eine blaue Kiste aus der Westminster Abbey heraus. Die Kiste ist schwer, das sieht man den Männern an. Über das Gewicht jedoch herrscht Unklarheit. Genau 207 Kilo, erklärt ein Fotograf mit schottischem Akzent. Nein, 152, wirft ein Journalist mit Notizblock ein. Er ist eindeutig englischer Herkunft. Beide Angaben bestechen durch ihre Präzision, beide Angaben beziehen sich auf den Inhalt der Holzkiste: einen rötlichgrauen Sandstein, genau 76 Zentimeter lang, der nach 700 Jahren seine Heimreise antritt. Es handelt sich um den »Stone of Destiny«, auf dem Schottlands Könige gekrönt wurden. Er ist bekannt als »the Stone of Scone« (sprich: Skuhn), nach der Scone Abbey in der Nähe von Perth benannt, jahrhundertelang Krönungsstätte der schottischen Krone. Im Jahr 1296 wurde er von Edward I. gestohlen und als Kriegsbeute nach London in die Westminster Abbey gebracht. Dort befand er sich bis zu diesem 14. November 1996 unter dem englischen Krönungsthron, da sich die Engländer bisher geweigert hatten, ihn zurückzugeben.1996 nun kehrte der Stone of Scone wieder zurück nach Schottland – wenn auch vorerst nicht nach Scone, sondern nach Edinburgh, wo er in der Burg ausgestellt wird.

1 *Die Royal Mile in Edinburgh ist nicht nur Einkaufs-, sondern auch im besten Sinne Flaniermeile.* – 2 *Das über 150 Jahre alte, viktorianische Palmenhaus im Botanischen Garten von Edinburgh ist das höchste seiner Art im Vereinigten Königreich.* – 3 *Auf der Royal Mile bemüht man sich, die Besucher auf jede erdenkliche Weise in die dargebotenen Attraktionen zu locken.* – 4 *Die George Street in der New Town ist eine geschäftige Einkaufsstraße.* – 5 *Künstler während des Fringe Edinburgh Festival im August.*

4

Grays
PITT
"A SHOP! A SHOP! MY KINGDOM FOR A S

5

Babbling Comedy
Oddbins
BY BATHING APE
I DIDN'T DO IT
AMERICAN EAGLE

1

2

1 *Die St. Giles' Cathedral heißt eigentlich »High Kirk of Edinburgh«, denn seit der Reformation gibt es im Land keine Kathedralen mehr.* – 2 *Hoch über der Stadt sollte Edinburghs Akropolis stehen. Wegen seines Castle Rock wird Edinburgh auch »Athen des Nordens« genannt.* – 3 *Der Doppeldeckerbus gehört nicht nur in London zum Stadtbild.* – 4 *Die Greyfriars Bobby Statue vor der Greyfriars Bar in Edinburgh.*

Seite 70/71
Das Herrenhaus Abbotsford. Typisch für den Abbotsford-Stil sind die geschnitzten viktorianischen Eichenmöbel.

3

4

STUART
DOUGLAS

Scott's View: Blick auf River Tweed bei Melrose. Außerdem sichtbar von diesem Aussichtspunkt sind die drei Gipfel von Eildon Hill und der Ort Newtown St. Boswell's.

Seite 74/75
Das Caerlaverock Castle ist eine der interessantesten Burgen Schottlands.

Seite 76/77
1 *Straßenmusiker auf der Princes Street.* – 2 *Typischer Pub in Edinburgh.* – 3 *Jung und Alt lassen es sich gut gehen in einem traditionellen Pub in der Nähe der Princes Street.* – 4 *Landestypische Taxis am Taxistand in der Princes Street.*

1

2

3

4

OPEN DAILY
EASTER TO
OCTOBER
10AM TO 5.30PM
COFFEES
CRAFTS
OPEN

Das charmante Dörfchen New Abbey in der Nähe von Dumfries.

Seite 80/81
Die Proportionen der Kathedrale von Glasgow lassen leicht vergessen, dass die »High Kirk« nur 87 Meter lang und 20 Meter breit ist. Das Dach ragt 32 Meter über den Boden des Kirchenschiffs.

Seite 82/83
Das Dunrobin Castle steht herrschaftlich über dem zugehörigen Garten. Dieser ist ganzjährig zu besichtigen. Die Innenräume des Schlosses können im Sommer während eines Rundgangs erkundet werden.

1

1 *Vom Calton Hill hat man einen herrlichen Blick auf Edinburgh. In der Mitte das Dugald Stewart Monument.* – 2 *Der Palace of Holyrood House ist die offizielle Residenz der britischen Königin in Schottland. Zugehörig zum Schloss ist der fantastische Holyrood Park.* – 3 *Bis 1871 wurde ein Teil der Klosterruine Jedburgh noch als Kirche genutzt.* – 4 *Eine Figur am John Knox House auf der Royal Mile in Edinburgh. Doch der Name führt irr: Der schottische Reformator hat nie hier gewohnt.*

Die Klosterruine Melrose Abbey. Die gotische Abtei wurde in Form eines St.-Johns-Kreuzes gebaut. Große Teile sind heute nur noch Ruinen, doch ein Gebäude von 1590 ist ein Museum und als solches der Öffentlichkeit zugänglich.

Seite 88/89
Die Innenräume der National Gallery of Scotland in Edinburgh. Die Sammlung zeigt Drucke, Gemälde, Zeichnungen und Skulpturen vom 14. bis 19. Jahrhundert.

XI
XII

Die Highlands

Wer von Schottland spricht, meint in den meisten Fällen die Highlands und die Islands. Hier ist Schottland echter, rauer und herzlicher als anderswo. Hier ist die Landschaft grandioser. Aber auch wer auf der Suche nach Kultur und Palästen ist, wird im östlichen Teil der Highlands auf seine Kosten kommen. Die Highlands sind aber auch Symbol für das tragische, das geschundene Schottland. Gerade die Highlander wurden gnadenlos von den Engländern verfolgt, ihre Sprache und Bräuche wurden unterdrückt. Und irgendwann mussten die meisten von ihnen Platz machen für die lukrative Schafzucht. Für Besucherinnen und Besucher von heute bietet sich hier menschenleere, einmalige Landschaft. Eine Einsamkeit, die man nur noch selten woanders in Europa findet. Nur wenige wissen, dass in den Tälern der Highlands und auf den Inseln vor der Fuadach nan Gàidheal, der Vertreibung der Gälen, im 18. und 19. Jahrhundert, Tausende von Menschen hier lebten.

Viele schottische Herrenhäuser schmücken sich mit wunderschönen Gartenanlagen mit üppiger Fauna – dank des Golfstroms, der an der Westküste vorbeifließt.

Wilde Landschaft

Glen Mor – Loch Ness – Inverness – Fort Augustus – Culloden Moor – Caledonian Canal – Ben Nevis – Urqhart Castle

Schottland ist stets arm gewesen im Vergleich zu seinem englischen Nachbarn, und unter den Schotten waren die Highlander die Ärmsten. Nur etwas über eine Viertelmillion Menschen lebt weit verstreut in den Highlands und auf den Inseln. Seit Langem schon bemüht sich die Highlands and Islands Enterprise die Abwanderung unter den jungen Leuten aufzuhalten. Sie mögen vielleicht stolz auf ihre Herkunft sein, nationalbewusst und heimatverbunden – aber wo es keine Arbeit gibt, da wird das Überleben schwer. Dass die Highlands nicht nur ein geografisches Gebiet sind, sondern auch für eine Tradition stehen, zeigt schon allein die Tatsache, dass ihre Grenze in vielen Publikationen unterschiedlich dargestellt wird. Offiziell verläuft sie wohl nördlich einer Linie – dem Highland Boundary Fault – zwischen Stonehaven an der Nordsee und Helensburgh im Westen. John Prebble, vertieft in die schottische Geschichte wie kein anderer, zieht diese Linie aber zwischen Dumbarton im Südwesten über Blairgowrie und Pitlochry zum Cromarty Firth. Andere wiederum bezeichnen mit den Highlands das Gebiet der Jakobiter Clans nördlich des Great Glen und der ehrwürdigen Burgstadt Sterling.

Der Tartan

Zwei Männer haben dafür gesorgt, dass der Tartan, das Schottenkaro, nicht nur im wahrsten Sinne des Wortes wieder salonfähig wurde, sondern beinahe zu einer Persiflage seiner selbst verkam: der schottische Romancier Sir Walter Scott und der deutsche Prinz Albert von Sachsen-Coburg-Gotha, Gemahl Königin Victorias. Es ist ziemlich schwer für Fremde, die heutige Bedeutung des Tartan zu verstehen. Zu sehr ist er einerseits in den Tourismusrummel abgerutscht, zu sehr andererseits für viele Schotten ein Stück ihrer Identität.

1814, nach der Veröffentlichung von Scotts Roman *Waverley*, begann die Geschichte. Bereits ein Jahr später gründete Alasdair Ranaldson MacDonell, Chief of Glen-garry, der als Vorbild für Waverley galt, die Society of True Highlanders »zur Unterstützung der Kleidung, Sprache, Musik und anderer Charakteristika unserer noblen und alten Rasse«. Die Mitgliedschaft beschränkte sich auf wohlhabende Herren aus den besseren Kreisen. 96 von ihnen wohnten dem ersten Treffen auf einer Wiese außerhalb von Lochaber bei, und man trug all das, was jeder heute für die wahre schottische Kleidung hält: Tartan Kilts und Umhänge, Silberknöpfe, mit Federn geschmückte Kappen, glänzende Schwerter, Dolche, Pulverhörner und Pistolen.

Tartans wurden aber auch bald in den »drawing rooms« der englischen Gesellschaft salonfähig. Man rühmte sich, die verschiedenen Muster unterscheiden, ja sogar ihre Clanzugehörigkeit erkennen zu können. Dabei gibt es nicht den geringsten Beweis, so sagen die Experten, dass Clan-Tartans als solche je existiert haben. Die Tartans, die heute zu kaufen sind und

1 *Putzig sehen sie aus mit ihrem langen Fell und den gebogenen Hörnern: Hochlandrinder auf einer Weide in Northumberland.* – 2 *Vor allem bei den beliebten Highland Games dürfen die Dudelsackspieler nicht fehlen.*

1

2

1

2

3

mit Stolz getragen werden, wurden erst entworfen, als es die Clans im ursprünglichen Sinn schon gar nicht mehr gab. Als die Clans noch über die Highlands und Islands herrschten, erkannte man ihre jeweiligen Mitglieder an den Schlachtrufen und an den Pflanzen, die sie an ihrer Kappe befestigt hatten: Heidekraut für den Clan der Donalds, Sumpfmyrte für die Campbells, ein Kiefernzweig für die MacGregors. Es soll natürlich auch verschiedene Tartan-Muster gegeben haben, die sich aber eher auf Gebiete erstreckten als auf Familien.
Trotzdem gab es für den Kurfürsten von Hannover, der in London als Georg II. auf dem Thron saß, Veranlassung genug, nach der Zerschlagung der Clans das Tragen von Tartans zu verbieten. Das war der Proscription Act von 1746. Nachdem man die Highlander systematisch verfolgt und in die äußersten Ecken Schottlands verdrängt hatte, wurde dieser Parlamentsakt 1782 aufgehoben. Die Jahre dazwischen hatten gereicht, eine Tradition mehr oder weniger zu zerstören. Es heißt, dass die Webereien von Schottland im ersten Jahrzehnt des 19. Jahrhunderts höchstens ein Dutzend Tartanmuster besaßen, Setts genannt. Sie unterschieden sich durch die dominierende Farbe und waren nach Highlanddistrikten benannt. 20 Jahre später hatte sich diese Zahl nicht nur verzehnfacht, die einzelnen Muster wurden nun bestimmten Clans zugeschrieben.
Es wäre da noch etwas zu sagen zu Alasdair Ranaldson MacDonell, Chief of Glengarry, Begründer der Society of True Highlanders. Er war ein Aufschneider bis zur Lächerlichkeit und lebte das Leben eines Highlanders, so wie er es sah. Er vertrieb, wie so viele Chiefs, seine Leute von dem Land, auf dem sie seit vielen Generationen gelebt hatten, um Platz zu machen für »a'chaorach mhor«, das große Weißgesicht aus den Cheviot Hills, sprich das Schaf. Seinem Sohn, den er auf den nicht gerade gälischen Namen Aeneas hatte taufen lassen, hinterließ er Land und Schulden. Aeneas musste verkaufen und wanderte dorthin aus, wohin die Armen seines Landes schon vor ihm hatten gehen müssen: nach Australien. Die neuen Besitzer der Ländereien erkannten das Potenzial der Gegend als Jagdgebiet für gelangweilte, reiche Besucher aus dem Süden. Bereits in den ersten drei Jahren wurden hier 4000 Vögel erlegt, 1000 Hasen und über 200 Hirsche. Aber das Jagdbuch des Anwesens führt auch »Schädlinge« auf, die getötet werden mussten, bevor der neue Besitzer dem Kauf zustimmte. Darunter befanden sich 15 Goldadler, 48 Ottern, 198 Wildkatzen und über 1000 Habichte. Nicht zu vergessen Raben, Dachse, Marder und Füchse. Die Chiefs of Glengarry vor Alasdair Ranaldson hatten die Adlerfeder an ihrer Kappe getragen, und ihr Schlachtruf war »Creagan-an Fhithich!« gewesen – Rabenfelsen.
Aber auch die Eichen, die hier so zahlreich gewesen sein sollen, dass man sie als das Unkraut des Landes bezeichnet hatte, gibt es nicht mehr. Die Wiederaufforstung hat das Land in den letzten Jahrzehnten sehr verändert. Es ist eine Veränderung, die keine optische Freude mit sich bringt. Da Fichten Geld bringen, werden sie wie preußische Soldaten sauber in Reih und Glied gepflanzt, um leichter gefällt werden zu können.

The Young Pretender

Auf der anderen Seite des Tals, das Glen Mor genannt wird, also auf der anderen Seite vom Loch Ness, verläuft die B582 von Inverness nach Fort Augustus. Sie wurde vor über 250 Jahren von General Wade angelegt und spielte eine wichtige Rolle bei der Unterdrückung der Highlander. Historiker sind der Ansicht, wenn es diese Militärstraße nicht gegeben hätte, wäre die »Befriedung« der Highlands, wie die Engländer das so auszudrücken pflegen, nach der Schlacht von Culloden viel schwieriger und vielleicht nicht ganz so barbarisch ausgefallen.
1746 hatte die letzte und entscheidende Schlacht um ein unabhängiges Schottland stattgefunden. 5000 Highlander waren auf Culloden Moor von den Truppen des englischen Königs George II. hingemetzelt

4

1 *Der Berg Pap of Glencoe vom Loch Leven aus gesehen.* – 2 *Bunt blühendes Heidekraut verwandelt die schottische Natur in eine farbenfrohe Landschaft.* – 3 *Der Grabstein auf dem Schlachtfeld von Culloden erinnert an die hier Gefallenen.* – 4 *Das Schaf hat mehr zur Entvölkerung der Täler und Inseln beigetragen als die Verlockungen der industriellen Revolution.*

1

2

worden. Die englischen Soldaten wurden von seinem Sohn angeführt, dem Herzog von Cumberland, den noch heute viele schottische Nationalisten hasserfüllt »The Butcher« nennen, den Schlächter. Ganz Lochaber und ein Großteil von Badenoch wurden niedergemacht. Ein gewöhnlicher Soldat schrieb damals in sein Tagebuch: »In einem Umkreis von fünfzig Meilen ist weder Haus, noch Mann, noch Vieh zu sehen.« Und ein Unteroffizier wusste zu berichten, dass »wir jeden aufhängten oder erschossen, von dem wir vermuteten, dass er wusste, wo der Pretender sich aufhielt. Wir brannten ihre Häuser nieder und nahmen ihre Rinder. Achttausend haben wir uns in diesen wenigen Tagen angeeignet.«

Der »Pretender«, das war Bonnie Prince Charlie. Und die Schlacht von Culloden war der letzte Versuch der Highlander, mit ihm einen eigenen König auf dem Thron zu etablieren. Charles Edward Louis Philip Casimir Stuart, The Young Pretender, wurde am 20. Dezember 1720 als Sohn von James Francis Edward Stuart und der Prinzessin Clementina Sobieska von Polen geboren. Ihr Urgroßvater, der spätere König Johann III., war als Oberkommandierender der vereinigten polnisch-kaiserlichen-bayerischen Armee 1683 maßgeblich an der Rettung Europas vor den Türken in der Schlacht am Kahlen Berg vor Wien beteiligt gewesen. James Edward Stuart, The Old Pretender, war der letzte noch lebende Sohn von James II., König von England, Schottland und Irland. Nach dessen Tod wurde James Edward von den Jakobiten zum König James III. proklamiert und als solcher von auch von Ludwig XIV. von Frankreich anerkannt. Der Old Pretender verbrachte fast sein ganzes Leben im Exil in Frankreich und Italien. Drei Versuche, seinen Thron zurückzugewinnen, schlugen fehl. Dann entschloss sich 1745 sein Sohn Charles Edward im Alter von 24 Jahren, einen vierten Versuch zu wagen.

Charles Edward war klug, hatte Spaß am Leben und sah sehr gut aus. Er hatte zwei Hauslehrer: einen katholischen und einen protestantischen. Er liebte Musik, war aber gleichzeitig auch körperlich durchtrainiert. Ludwig XV. unterstützte Charles Edwards Thronambitionen, war er doch ohnehin der Ansicht, dass eine Invasion Englands nötig war. Von Dünkirchen aus sollte der Angriff starten. Ein Sturm zerschlug die Pläne. Charles Edward entschloss sich daraufhin, mit Hilfe einiger Freunde sein Glück allein zu wagen. Am 25. Juli 1745 landete er in der Bucht von Loch nan Uamh an der Westküste Schottlands gegenüber der Insel Eigg. Diese Stelle sollte der Anfang und das Ende seines Versuchs sein, die Krone für seinen Vater wiederzugewinnen.

»Bonnie Prince Charlie«, wie er später genannt wurde, war zunächst erfolgreich. Er pflanzte seine Standarte im Tal von Glenfinnan auf, nahm die Stadt Edinburgh ein, aber nicht die Burg. Bei Prestopans schlug er die Engländer in die Flucht. Anfang November befand sich der Prinz mit einer Gefolgschaft von 5000 Infanteristen und 600 Reitern auf dem Marsch nach London. Doch seine Berater mahnten plötzlich zur Vorsicht, und der Prinz zog sich mit seinen Mannen zurück in den Norden, nach Inverness. Dorthin machte sich der Herzog von Cumberland mit seiner Armee auf. Die Truppen des Thronanwärters erwarteten ihn auf Culloden Moor östlich von Inverness. Nach wenigen

3

4

5

1 *Majestätisch thront das Inverness Castle über den River Ness in Inverness. 1836 wurde das imposante Sandsteingebäude von Architekt William Burn gebaut.* – 2 *Wer Dunnottar Castle besucht, sollte sich gebührend von seiner Geschichte beeindrucken lassen.* – 3 *Die Greig-Street-Hängebrücke über den Ness von 1881.* – 4 *Neben einem solch kleinen Menschlein erkennt man erst die Ausmaße dieser Riesenblattpflanze im Garten des Dunrobin Castle.* – 5 *Eines der herrschaftlichen Schlafzimmer im Dunrobin Castle.*

1

2

3

Stunden war alles vorbei und die Jakobiten vernichtend geschlagen. Der Herzog von Cumberland kannte kein Pardon. Verwundete und gefangene Highlander wurden noch auf dem Schlachtfeld ermordet. Und dann begann jene berühmt-berüchtigte Vergeltungsjagd auf die Highlander durch die Berge und Täler, über die Moore und Inseln.

Das Ende eines Traums

Bonnie Prince Charlie aber konnte entkommen. Für ihn begann eine lange Flucht vor den Häschern Georgs II. Sie führte sechs Monate lang quer durch die Highlands und über die Islands. 30 000 Pfund waren auf seinen Kopf ausgesetzt – eine unerhört hohe Summe. Aber keiner verriet ihn. Weder Geld noch die Drohung mit dem Tod halfen seinen Verfolgern. Am 19. September des folgenden Jahres verließ The Young Pretender Schottland vom gleichen Ort, an dem er 14 Monate zuvor gelandet war, und kehrte nie wieder zurück. »My Bonnie lies over the ocean, my Bonnie lies over the sea«, heißt es schließlich auch im Volkslied. Mit diesen Geschichtsfakten im Hinterkopf kann der Besucher das Schlachtfeld von Culloden ganz anders erleben und verstehen. Geht man in aller Stille an den niedrigen Steinen vorbei, die hier die Positionen der geschlagenen schottischen Clans markieren, dann begreift man ein wenig, welche Tragödie sich vor über 260 Jahren abgespielt hat – nicht die zerstörten Hoffnungen des jungen Prinzen und seiner Gefolgschaft, sondern die Vernichtung der Clans, die an diesem Ort im Feuer der Musketen und Kanonen umkamen. Sie wurden in Massengräbern beerdigt.

Bei den Highlandern hieß das Schlachtfeld immer nur Drummossie Moor. Culloden war der Name eines Herrenhauses ganz in der Nähe und nach diesem wurde die Schlacht dann später von den Engländern benannt.

The Great Glen verläuft von Südwesten zum Nordosten. Wie der Name schon besagt, ist es ein weites, ein eindrucksvolles Tal. Drei große Lochs erstrecken sich in diesem natürlichen Graben, der Schottland halbiert: Loch Lochy, Loch Oich und Loch Ness, der berühmteste aller schottischen Seen. Im vorigen Jahrhundert verband der großartige schottische Ingenieur Thomas Telford die Gewässer durch den Caledonian Canal. Ursprünglich dafür gedacht, den Fischerei- und Frachtschiffen eine sichere Route vom Atlantik zur Nordsee zu bieten, ist er heute wie geschaffen für Segelboote und Motorjachten. 1803 hatte Telford mit dem Bau des Kanals begonnen. Nach 24 Jahren war er fertiggestellt – ein technisches Meisterwerk, über 35 Kilometer lang, mit 24 Schleusen, darunter acht Stufenschleusen. Es gibt Momente im Leben, die einen jeglicher Hektik berauben. Dazu gehört auch das Rauf und Runter an den Kanalschleusen. Diese hier sind nun besonders eindrucksvoll, ob von oben oder von unten betrachtet. Und dann wendet man den Blick nach rechts und entdeckt (wenn das Wetter mitspielt) Ben Nevis – wuchtig und ebensoviel Ruhe ausstrahlend. Mit 1344 Metern ist er der höchste Berg des Vereinigten Königreichs. Direkt daneben sieht man die runden Köpfe des Aonach Mor (1219 Meter) und des Aonach Beag (1238 Meter). Fünf bis sieben Stunden dauert es, den Berg hinauf- und wieder hinunterzuwandern.

1 *Der Caledonian Canal bei Fort William.* – 2 *Überall in den Highlands und auf den Inseln erinnern die Ruinen von Häusern und Stallungen an frühere Bewohner.* – 3 und 5 *Glenlivet ist nicht nur Erholungsgebiet, es ist auch der Name einer der berühmtesten Whiskeysorten überhaupt und sollte bei einer Fahrt auf dem »Whiskey Trail« nicht ausgelassen werden.* – 4 *Der River Nevis fließt durch das Glen (Tal) Nevis.*

4

5

Nessie, ein liebes Ungeheuer

Besucher mit Ausdauer wandern auf dem Treidelpfad nach Fort Augustus, einem kleinen Garnisonsstädtchen, das nach der schottischen Rebellion von 1715 gebaut und nach dem zweiten Sohn des Hannoveranerkönigs Georg III. benannt worden ist. Oder sie wandern noch ein ganzes Stück weiter am Loch Ness entlang. Dieser See, der sich beinahe 39 Kilometer lang erstreckt, ist der Tummelplatz des berühmtesten Ungeheuers der Welt: Nessie. Weder der gesunde Menschenverstand noch hochwissenschaftliche Untersuchungen haben den Glauben an Nessies Existenz zerstören können.
Der Heilige Columban war zwar nicht der Erste, der das Ungeheuer von Loch Ness mit eigenen Augen gesehen haben soll, aber doch der Erste, der diese Begegnung in den Historien festhalten ließ. Es begab sich, so schildert Columbans Biograf Adamnan, dass der Missionar im Jahr 589 auf dem Weg nach Aberdeen, gerade wieder einmal intensiv damit beschäftigt, einige Pikten zu bekehren, am Loch Ness weilte. Er und seine Gefolgsleute wollten den River Ness an der Stelle überqueren, an der heute die Stadt Inverness liegt, als sie einen piktischen Trauerzug gewahrten.
Der Tote, so erfuhren sie, war trotz der Rettungsversuche seiner Freunde von einem Seeungeheuer mit einem fürchterlichen Schlag getötet worden. Columban bestand aber darauf, den Fluss zu überqueren. Er bat einen seiner Anhänger, hinüber zu schwimmen und ein am anderen Ufer liegendes Boot zu holen. Der gute Mann befand sich gerade in der Mitte des Flusses, als das Ungeheuer seiner gewahr wurde und mit großem Gebrüll und weit geöffnetem Maul auf ihn zuschwamm. Doch Columban gebot dem Unwesen Einhalt. Er schlug das Kreuz und rief mit fester Stimme: »Go thou no further, nor touch the man. Quick! Go back!«
Das Ungeheuer muss so verblüfft gewesen sein ob der Dreistigkeit des Missionars, dass es von seinem Opfer abließ und das Weite suchte. Ja, so verschreckt war es, dass es – schenkt man den Zeitungsberichten Glauben – bis 1930 nicht wagte, sich sehen zu lassen. Wahrscheinlich in der Hoffnung, dass Columban nicht mehr am Ufer stehen würde, zeigte sich das Ungeheuer dann aber drei Anglern, die in ihrem Boot saßen.
Drachen und ähnliche Ungeheuer haben bekanntermaßen ein schlechtes Zeitgefühl. Im Laufe der Jahrhunderte hatte es aber immer wieder Berichte über das Loch-Ness-Monster gegeben. Das Jahr 1933 ragt nur heraus in der langen Folge von Sagen über das Ungeheuer, weil ein gewisser Hugh Gray, der am See lebte, damals die ersten Fotos vom Untier vorlegte. Die Firma Kodak bestätigte dabei, dass die Negative in keiner Weise manipuliert worden seien. 33-mal wurde Nessie in jenem Jahr gesichtet, einmal sogar, und das verwunderte keinen, an Land, als es bei Dores die Straße überquerte. Die Sage blüht, und das Geschäft mit ihr gedeiht. Doch Loch Ness mit einer Wassermenge, die größer ist als sämtliche Seen und Reservoirs in England und Wales zusammengenommen, bietet mehr: herrliche Ausblicke, etwa auf das berühmte Urqhart Castle, dessen Silhouette fast ebenso bekannt ist wie die Brücke über den Firth of Forth.

1 *Immer wieder verändert sich das Bild des Loch Maree mit seinen vielen großen und kleinen Inseln.* – 2 *Die Legende vom Loch-Ness-Ungeheuer, liebevoll Nessie genannt, stirbt nicht. Sie sorgt für viele als eine hervorragende Einnamequelle.* – 3 *Die Gewässer des Sund von Arisaig mit dem Loch Ailort wurden von der EU als Meeresgebiet von besonderem Interesse eingestuft.* – 4 *Die Ruine des Urquart Castle am Ufer von Loch Ness.* – 5 *Loch Eriboll hoch oben im Norden Schottlands ist die breiteste und längste Meeresbucht an dieser zerklüfteten Küste.*

4

5

1

1 und 3 *Malaig verdankt seine Existenz nicht nur dem Fischfang, auch wenn es den Anschein haben mag. Die Eisenbahnlinie, die von Glasgow über Fort William an die Küste führt, war und ist ebgenfalls von großer Bedeutung für den Ort.* – 2 *Die Menschen im Fischerdorf Pennan leben auch heute noch vor allem vom Fischfang, der Tourismus spielt aber eine immer größere Rolle.*

Seite 104/105
Malerisch liegt Dunnottar Castle als Burgruine auf einer Halbinsel an der Nordsee.

1

1 *Dudelsackspieler bei den Highland Games..* – 2 *Der Ghillie Calum oder Schwerttanz wird auch von Jungen und Mädchen aufgeführt.* – 3 *Angeblich ist »tossin the caber« eine Erfindung schottischer Forstarbeiter.* – 4 *Die Schiedsrichter bei den Highland Games können auf jahrelange Erfahrung zurückblicken*

Seite 108/109
1 *Scott's View.* – 2 *Der Leuchtturm von St. Abb's.* – 3 *Eine Schafherde grast gemütlich im Glen Nevis bei Fort William.* – 4 *Möwen brüten an einer Felswand an der Steilküste von St. Abb's Head.*

3

4

1

2

3

4

Die Packhorse Bridge bei Carrbridge in Aviemore ist die älteste Steinbrücke Schottlands.

Seite 112/113
Der Glenfinnan Viaduct von fort Williams nach Mallaig wurde zwischen 1897 und 1898 erbaut. In den Harry-Potter-Verfilmungen fährt der Hogwarts-Express über den Viadukt.

Die Islands

Schottland ist im hohen Norden und vor der Westküste von vielen kleinen, wildromantischen Inseln umgeben. Die Äußeren Hebriden, die Orkneys und die Shetland-Inseln sind die entlegensten Gebiete Großbritanniens. Die meisten Besucher zieht es auf die Äußeren Hebriden. Sie werden angelockt von den atemberaubenden landschaftlichen Reizen, aber auch vom keltischen Kulturgut, das hier oft noch gepflegt wird, besonders bei abendlichen Ceilidhs, den gälischen Gesangs- und Tanzveranstaltungen. Wer die Inseln besucht, betritt das gälische Schottland. Bis hierher wurden die Gälen zurückgedrängt. Auf den Shetland- und den Orkney-Inseln brüsten sich die Bewohner mit ihrer Wikingervergangenheit, mit ihrer Nähe zu Norwegen. Ein Großteil der Fremden aber kommt wegen der Einsamkeit. Eins steht fest: Wer die Inseln besucht, wird leicht in ihren Bann gezogen und ist sehr schnell bereit zu vergessen, dass auf dem britischen Festland eine Welt pulsiert, die sämtliche Probleme anderer Industrienationen teilt.

Klarer Himmel, undendliches Meer, zerklüftete Berge, riesige Weiden mit Schafen und einsame Gehöfte – deswegen besuchen viele Menschen Schottland.

Landschaften am Rande des Meeres

Islay – Jura – Whirlpool von Corryvrechan – Mull of Kintyre – Campbeltown – Skye – Mull – Iona – Staffa – Orkney-Inseln – Shetland-Inseln

Was an allen diesen Inseln vor allem verblüfft, ist die Tatsache, dass sie so unterschiedlich sind, selbst wenn sie oft sehr nah beieinanderliegen. Man braucht nur Islay zu betrachten und die Schwesterinsel Jura. Es sind verschiedene topografische Welten. Oder nehmen wir die Shetland-Inseln, wild und fast völlig baumlos. Von der zerklüfteten Küste und dem Meer ist kein Punkt weiter als acht Kilometer entfernt. Es gibt hier mehr Sümpfe und Torfgebiete als bewirtschaftbare Ackerflächen. Und dem informierten Besucher fällt es nicht schwer zu erkennen, dass er sich im rauen Land der Wikinger befindet. Die Orkney-Inseln hingegen sind topografisch sanft, weiche rollende Hügel inmitten einer fruchtbaren Gegend. Und die Hebriden? Felsen, Felsen und noch mal Felsen – harter, kompromissloser Gneis. Ungefähr 2500 Millionen Jahre alt sind manche Teile der Eilande North und South Uist und der dazwischen gebetteten Insel Benbecula. Oder nehmen wir die wilde Torflandschaft von Lewis, die von den Bewohnern das Schwarze Moor genannt wird, und die Bergwelt von Harris. Dagegen haben South Harris und die beiden Uists lange Sandstrände und grüne Weiden. Zwei Stunden mit der Fähre liegen zwischen den Outer und den Inner Hebrides, geologisch sind es mehrere hundert Millionen Jahre.

Islay ist die Whisky-Insel par excellence. Der Torf prägt hier den einzigartigen Geschmack des Malt Whisky. Aber das Eiland ist auch grün und fruchtbar. Wie überall sind es Schafe, die hier grasen, und Highland Cattle. Jeden Herbst kommen Tausende auf die Insel und fressen sie innerhalb von kurzer Zeit kahl.

Aber ansonsten mutet die Insel friedlich an, obwohl natürlich auch sie tragische Geschichten vorweisen kann. So gab es 1598 eine Auseinandersetzung um Hoheitsrechte zwischen den MacLeans und den MacDonalds. Mindestens 20 MacLeans wurden umgebracht, die anderen versteckten sich in der Kilnave Kapelle. Aber die MacDonalds brannten sie erbarmungslos nieder. Nur ein einziger MacLean überlebte.

Eigentlich heißt es, Islay sei so idyllisch, weil der Schutzheilige Ciaran auch nach seinem Tod 548 einen beruhigenden Einfluss auf die Insel ausübte. So beruhigend war dieser Einfluss, dass selbst der Missionar Columban davon profitierte. Als er Erde vom Grab des heiligen Ciaran in den berühmten Whirlpool von Corryvrechan nördlich von Jura warf, war der Strudel sofort still. Man hört viele dieser mysteriösen Geschichten im Hochland und auf den Inseln.

Jura ist eine echte Wildnis, vielleicht die letzte in Europa, da die lang gestreckte Insel immer nur an der Ostküste besiedelt worden ist. Schon lange legen hier keine

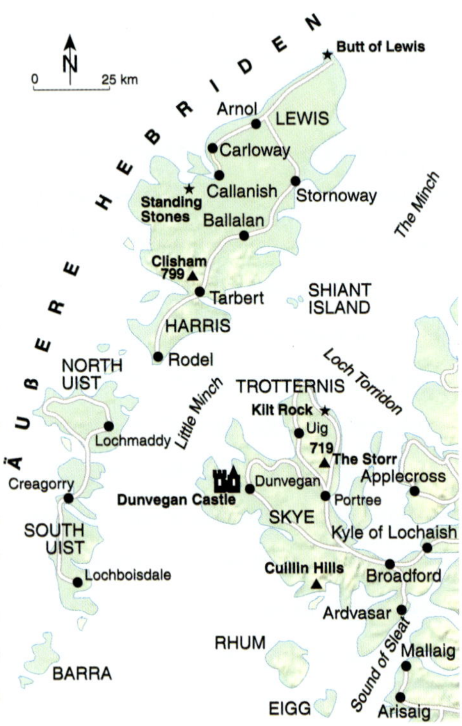

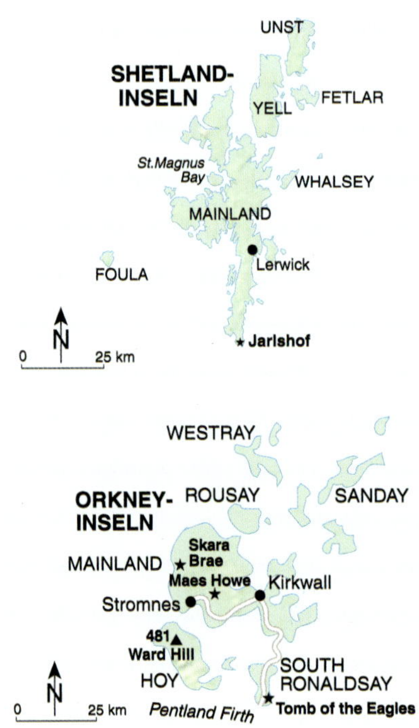

1 *Der Port Charlotte Leuchtturm auf der Insel Islay.* – 2 *Schafherde auf der Insel Islay, der südlichsten der Inneren Hebriden. Die Insel hat als wichtige Einnahmequelle neben der Landwirtschaft die Whisky-Produktion.*

1

2

1

2

Schiffe und Boote mehr an, nur noch die kleine Fähre, die den schmalen Sund zwischen Port Askaig auf Islay und Feolin auf Jura überquert. Das Bild beherrschen die Paps of Jura, drei Berge, von denen der Beinn an Oir mit 784 Metern der höchste ist. George Orwell, der Erfinder des Begriffs »double think«, zog sich unter seinem richtigen Namen Eric Arthur Blair hierher zurück und schrieb in einem kleinen, weißen Haus namens Barnhill in einer Bucht nördlich von Ardlussa sein bekanntestes Buch »1984«, die bedrückende Zukunftsvision von Big Brother, dem Großen Bruder, der alles mitbekommt.

Neben Rotwildherden und Fuchsien gibt es noch eine andere Naturerscheinung auf Jura, die allerdings eigentlich vor der Küste liegt, und das ist der schon erwähnte Corryvrechan Whirlpool zwischen der Nordspitze Juras und der unbewohnten Insel Scarba. Die Strait of Corryvrechan ist an dieser Stelle ungefähr anderthalb Kilometer breit. Die Wassermasse bewegt sich durch die Gezeiten mit einer Geschwindigkeit von zehn Knoten zwischen den beiden Inseln hin und her. Es ist ein eindrucksvolles Auf- und Abschwellen der Wellen, ein Dröhnen, das man noch weit entfernt hört. Der Strudel macht die Wasserstraße aber auch so gefährlich, dass sie von der Royal Navy offiziell als unbefahrbar eingestuft wurde.

Auch wer kein Gälisch spricht, kennt die beiden Wörter »Uisge Beatha« – Lebenswasser. Jeder gute Schotte weiß, dass der Garten Eden auf den westlichen Inseln lag, und dass die Sprache, in der sich Adam und Eva unterhielten, keine andere als Gälisch gewesen sein kann: die Sprache der Hochland- und der Inselbewohner.

Und das Wort Whisky ist natürlich nichts anderes als eine Abwandlung des Begriffs »Uisge Beatha«.

Der wahre Experte lässt nichts auf seinen »Single malt whisky« kommen, aber man sollte trotzdem nicht vergessen, dass Whisky niemals zu solch weltweitem Ruhm gelangt wäre, wenn nicht die Kunst des »Blending« von Highland-, Islay und Lowland-Malzwhisky mit gutem Kornwhisky entwickelt worden wäre. »pure malt« oder »single malt« ist der wahre, uralte schottische Whisky, der noch immer nach derselben Methode destilliert wird wie seit Hunderten von Jahren. Abgesehen davon, dass die heutigen Whiskybrennereien legal sind, besteht der Unterschied zwischen jetzt und damals nur in dem Volumen und – was wesentlich wichtiger ist – im Alter des Destillats. Früher konnten die Schwarzbrenner nicht lange warten. Deshalb tranken sie den Whisky direkt vom Fass mit all seinen toxischen Unreinheiten. Heute muss ein Whisky mindestens drei Jahre lang im Fass bleiben. Die meisten Malt-Whisky-Sorten reifen bis zu zwölf Jahre und werden gerade dadurch so samtweich. Uneinigkeit herrscht übrigens nach wie vor darüber, wie man Whisky trinken sollte: »neat« (also pur) oder mit ein bisschen Wasser (vornehmlich natürlich schottischem Quellwasser – und am besten das, das zum Destillieren verwendet wurde). Erst das Wasser bringe den wahren Geschmack des Whiskys heraus, mache ihn geschmeidiger, so sagen Kenner. Einig ist man sich aber auf jeden Fall darüber, dass man dieses edle Getränk niemals mit irgendwelchem modischen Firlefanz wie – na ja, wir wollen an dieser Stelle keine Namen nennen – mischen sollte.

Die Kunst des Destillierens, so vermutet man, stammt aus China, gelangte von dort durch arabische Händler in den Nahen Osten und dann durch die Kreuzritter nach Europa, genauer gesagt nach Frankreich und Irland. Hier nahmen sich Mönche des Prozesses an, um Heilgetränke und Kräuterwasser herzustellen. Man nannte das Produkt Aqua Vitae oder Eau de Vie. Als das Lebenswasser samt der zur Fertigung notwendigen Utensilien den Mull of Kintyre erreichte, eroberte es binnen Kurzem ganz Schottland. Aber warum eigentlich nur Schottland und nicht den Rest Britanniens?

Weil einzig hier das spezielle Quellwasser fließt, das man zum Destillieren braucht, und weil nur hier der Torf reichlich vorhanden war, den man zum Trocknen der

3

1 *Die Landwirtschaft prägt aber nach wie vor die Hebrideninsel: Küstenweidelandschaft auf der Insel Islay.* – 2 *Eine besondere Stimmung entsteht durch die alten Grabsteine auf dem Friedhof von Islay.* – 3 *Whisky-Brennerei auf Islay.*

1

2

Gerste oder anderer Getreidesorten benötigte. Und mancher Kenner meint, dass auch die schottische Luft ihr Teil zum Gelingen beiträgt.
Bereits 1833 kam es zu einer epochalen Erfindung, die Schottlands Whiskyindustrie einschneidend veränderte: ein Patent zum Brennen von großen Mengen Whisky aus einer Mischung von gemalzter Gerste, ungemahlenem Roggen und Mais. Eine Kornwhisky-Brennerei konnte nach dieser Idee des kontinuierlichen Destillierens in einer Woche so viel herstellen wie eine Malzbrennerei in einer Saison von vierzig Wochen.
Es war eine Revolution. Erfolglos kämpfte eine Malzbrennerei vor Gericht darum, dass »dieses geschmacklose Gesöff« nicht »Scotch Whisky« genannt werden dürfe. Ein paar Jahre später brachte die Firma John Dewar and Sons dann die ersten »Blended Whiskies« auf den Markt, die bei vielen Leuten Anklang fanden, denen die reine Sache einfach zu stark war. Heute gibt es ungefähr 3000 Blended Whiskies, aber nur ein paar Dutzend »pure single malt Whiskies«.

Auf den Spuren des Puren

Pure Malt Whisky Distilleries sind über ganz Schottland verstreut. Die nördlichste befindet sich in Kirkwall auf den Orkneys, und sie ist auch eine der berühmtesten Brennereien überhaupt. Sie wurde bereits 1789 auf dem Gelände errichtet, wo der bekannte Schmuggler Magnus Eunson seine Brennerei hatte. Eunson war praktischerweise nicht nur Schmuggler, sondern auch ehrbarer Kirchenvorstand und nutzte häufig die Kirche, um seinen Whisky vor den Häschern der Steuerbehörde zu verstecken.
Die westlichsten Brennereien befinden sich auf den Inseln Skye und Islay. Von Skye kommt nur ein einziger Whisky, »Talisker«, der in der Nähe von Carbost destilliert wird. Es handelt sich dabei um kein besonders herausragendes Produkt. Talisker ähnelt geschmacklich den torfigen Malt Whiskies von Islay, ohne aber deren Qualität zu erreichen.
Die gehören eindeutig zu einer ganz eigenen Kategorie. »Ardbeg« ist einer der seltensten, den man nur in ein paar ausgesuchten Hotels und Fachgeschäften findet. »Bowmore« an der Küste von Loch Indaal hingegen nimmt für sich den Ruhm in Anspruch, die älteste legale Brennerei der Insel zu sein. Im Jahr 1779 wurde sie gegründet und ist die einzige Distillery mit einer sehr starken German Connection. Schon bald nach ihrer Gründung ging sie in den Besitz der deutschen Familie Mutter über und verhalf ihr zu Wohlstand und Ansehen.
Eine ganz besondere Bedeutung für die Insel Jura hat die dortige Brennerei. »Isle of Jura Pure Malt« ist der einzige Whisky, der dort gebrannt wird. Hier wird schon seit dem Mittelalter Whisky produziert, und Anfang des 16. Jahrhunderts wurde sogar ein Gebäude speziell für diesen Zweck errichtet.
Die Distillery von Jura ist also eine der ältesten in Schottland. Aber viele Jahrzehnte hindurch wurde auf Jura natürlich auch illegal gebrannt. Erst 1810 entschloss man sich, die Brennerei offiziell anzumelden. 1875 wurde die Insel von den Campbells von Jura an einen James Ferguson verkauft. Er vergrößerte die Distillery, aber bereits 1901 stellte die Brennerei von Jura

1 *Blick auf die Berge der Insel Jura, gegenüber von Islay..* – 2 *Campbeltown auf der Halbinsel Kintyre.* – 3 *Auch auf Jura spielt die Whiskyproduktion eine wichtige Rolle.* – 4 *Eine Kanadische Wildgans auf der Insel Arran.* – 5 *Der Old Man of Storr, eine rund 50 Meter hohe Felsnadel, dominiert die Landschaft auf der Insel Skye.*

ganz abrupt die Produktion ein. 1913 verließ der letzte Malt Whisky die Insel.
Viele Jahre später, 1957, taten sich zwei der Großgrundbesitzer von Jura zusammen, um den Bevölkerungsschwund aufzuhalten. Hatten 1914 noch 1000 Menschen auf der Insel gelebt, so war diese Zahl Anfang der 1950er-Jahre auf 150 gesunken. Mit dem Wiederbeleben der Distillery sollten Arbeitsplätze geschaffen werden. 1963 wurde wieder Whisky gebrannt, und schon Mitte der 1970er-Jahre konnte der acht Jahre alte Pure Malt von Jura, von Kennern auch kurz »Jura 8« genannt, seinen Platz unter den feinsten Sorten erobern. Obwohl nur ein paar Minuten mit der Fähre von Islay entfernt, hat das Produkt der Insel Jura doch einen ganz eigenen unverwechselbaren Geschmack.
Jeder Whiskyliebhaber, der auf den Spuren des Ex-Beatles Paul McCartney den Mull of Kintyre besucht, sollte in Campbeltown auf jeden Fall die beiden letzten Distilleries besuchen, die es dort noch heute gibt. In beiden wird vorzüglicher Single-Malt-Whisky hergestellt. Bis zur großen Wirtschaftskrise in den zwanziger Jahren des vergangenen Jahrhunderts war Campbeltown eine florierende Kleinstadt mit 12000 Einwohnern, einem Kohlebergwerk, einer Eisenbahn, einer Heringsflotte von mehr als 600 Booten und 34 Whiskybrennereien. Damals, so hieß es, fand jeder Kapitän auch im dicksten Nebel den Weg in den Hafen von Campbeltown, indem er einfach seiner Nase folgte.
Die Distillery Springbank befindet sich noch im Besitz der Gründerfamilie Mitchell, Schottlands ältester Whiskybrennerdynastie. 1828 wurde sie auf dem Gelände einer früheren illegalen Brennerei gebaut, die sich selbstverständlich auch im Besitz der Mitchells befunden hatte. Springbank und Glenfiddich sind die einzigen Single-Malt-Whiskies, die vor Ort in Flaschen abgefüllt werden. Springbank ist rar, meist zwölf Jahre alt. Aber für Menschen mit dicken Brieftaschen gibt es auch hin und wieder eine Flasche mit fünfzig Jahre altem Destillat.
Ebenso selten ist der andere Kintyre-Single-Malt-Whisky »Glen Scotia«. Er hat den ausgeprägten Torfgeschmack, den man bei den Islay-Whiskies findet, ist aber öliger, was wiederum mehr an irischen Whiskey erinnert. Bleibt nur noch zu sagen »Slàinte mhath«, was »Slahn-tje wa« ausgesprochen wird und so viel wie »Prost« bedeutet.

Mull, Iona und Staffa

Dick und behäbig liegt Mull vor der Westküste, getrennt vom Festland durch den Firth of Lorn und den Sound of Mull. Es ist die drittgrößte Hebrideninsel, auf der, wie überall sonst auch, im frühen 19. Jahrhundert Menschen den Schafen weichen mussten. Hier, wo die Crofters einst mit ihren Familien eingeschifft wurden, erstreckt sich einer der schönsten Strände Schottlands, Calgary Bay. Calgary ist gälisch und heißt so viel wie klar sprudelndes Wasser. Mull ist anders als Jura. Hübsche Buchten, kleine Fischerdörfer, einspurige Landstraßen, wuchtige Berge, von denen unzählige Rinnsale in die Täler fließen. Die Landschaft ist grün und freundlich, und vor allem der Baumbestand bietet ein eher ungewohntes Bild für eine schottische Insel. Auch das Hafenstädtchen Tobermory mit seinen in bunten Pastellfarben angestrichenen Häusern hat eher einen Hauch von Italien. Die

1 *Der Leuchtturm in Campbeltown strahlt auch bei Tag regelrecht.* – 2 *An den steilen Basaltklippen der Insel Staffa brüten Papageitaucher.* – 3 *Statue in der Gartenanlage von Torosay Castle auf Mull.* – 4 *Keltisches Kloster auf der Insel Iona, die vor der Küste der Insel Mull liegt.* – 5 *Calgary Bay auf der Insel Mull ist eine geschützte Meeresbucht mit breitem Sandstrand, der zum Baden einlädt.*

4

5

Idylle täuscht, wie ein Museum bei Dervaig auf sehr eindrucksvolle Weise zeigt. Das Leben der armen Crofter war hart, schon bevor sie vertrieben wurden. Das Museum befindet sich in einem alten Kuhstall, The Old Byre. Das Projekt, das schon mehrmals mit Preisen ausgezeichnet wurde, geht auf die Privatinitiative einer Frau zurück und schließt die Arbeit vieler Bewohner von Mull ein. 15 Jahre beschäftigte sich Gentian (auf deutsch Enzian) Richardson mit dem Museum. Sie wollte anhand von Schaubildern demonstrieren, wie der Alltag auf Mull zur Zeit

der Clearances aussah. So zeigt sie auf einem Tableau das Innere eines fensterlosen »black house« von 1840, auf einem anderen ein »white house« aus dem Ende des 19. Jahrhunderts. Das Ganze präsentiert sich dem Besucher in Originalgröße mit lebensgroßen Puppen und Tieren. Dazu hört man über Lautsprecher Geräusche und Stimmen.
Wen es nicht nach Bildern einfachen Lebens gelüstet, sondern nach überwältigenden Aussichten, dem sei der Blick von Treshnish Point auf die lang gestreckten Inseln Tiree und Coll oder auf die vulkanischen Buckel der Treshnish Isles empfohlen. Ein wahrhaft herrliches Panorama bietet sich hier.
Weltbekannt sind zwei weitere Inseln vor Mull. Einmal das heilige Eiland Iona. 563 landete an seiner Küste Columban mit zwölf Gefolgsleuten, und dieses Datum gilt als die Geburtsstunde der Missionierung Schottlands im großen Stil.
Heute ist Iona eine ruhige, nachdenkliche Stätte, zu der vor allem Christen aus aller Welt kommen. Doch nur wenige wissen, dass Columban vor seiner Ankunft auf Iona mehrere Jahre lang Station gemacht hatte auf der südwestlich gelegenen Inselgruppe von Colonsay und Oronsay. Dort befindet sich die wirkliche schottische Gründung des später heiliggesprochenen Missionars. Von Iona aber breitete sich der Einfluss des Christentums nicht nur auf das restliche Schottland aus, sondern auch auf das europäischen Festland. Columbans Kloster fand 803 ein jähes Ende, als eine Horde Wikinger 68 Mönche in der Bucht umbrachten die heute »Martyr's Bay« heißt. Zu Anfang des 12. Jahrhunderts gab es dann auf der Insel eine Kirche und einige andere Klostergebäude, die aber der schottischen Reformation zum Opfer fielen. Mit ihrer Restauration wurde erst 1910 begonnen.
Iona spielte in der Geschichte des christlichen Abendlandes eine so bedeutende Rolle, dass hier im Laufe der Jahrhunderte 60 Fürsten bestattet wurden – 48 schottische Könige, vier irische und acht norwegische. Auch Duncan und Macbeth haben auf dem Friedhof der Kapelle von St. Oran ihre letzte Ruche gefunden.
Die Insel ist nur 4,8 Kilometer lang, und an keiner Stelle ist man mehr als 2,4 Kilometer vom Meer entfernt. Und doch kann man den Menschenmengen entkommen an Stellen, wo die Insel auch einsam und still ist. Wer sich die Mühe macht und die Iona Community hinter sich lässt, vielleicht die höchste Erhebung der Insel, den 100 Meter hohen Hügel Dùn besteigt, der blickt auf ein überwältigendes Hebridenpanorama, das sich von den Bergen Mulls bis zu den Paps of Jura erstreckt, von der Insel Staffa und den Treshnish Isles bis zu den fernen Bergen der Insel Rhum. In seinen alten Tagen soll der heilige Columban selbst oft hier gesessen und sich seinen Gedanken hingegeben haben.
Und Staffa wiederum, die zweite weltberühmte Insel vor Mull, beeindruckte den Komponisten Felix Mendelssohn Bartholdy so sehr, dass er sie in seinem Werk »Fingals Höhle« verewigte. Die 20 Meter hohe Basaltgrotte besticht durch ihre sechseckigen Säulen, die wie die Pfeifen einer mythologischen Orgel wirken.

Skye

Seit dem 17. Oktober 1995 verbindet eine Brücke die Insel mit dem schottischen Festland. Die »Seufzerbrücke« wurde sie jahrelang von den Inselbewohnern genannt, wenn sie guter Laune waren. Denn die 9000 Bürger von Skye wollten gar keine Brücke. Sie waren immer mit eigenen Booten oder später mit Fährschiffen zwischen der Insel und dem schottischen Festland hin- und hergefahren und hatten daran nichts auszusetzen. Aber man ignorierte ihre Einwände. Und dann kam der Clou: Kaum war die Brücke zwischen dem Kyle of Lochalsh auf Skye und Ky-

1 *Die Insel Staffa liegt zehn Kilometer vor der Küste von Mull.* – 2 *Staffa bedeutet steile Basaltklippe. Die eindrucksvollen Basaltformationen locken zahlreiche Besucher auf die Insel.* – 3 *An den steilen Klippen brüten unter anderem Papageientaucher. Hier befindet sich auch Fingals Cave, die Mendelssohn Bartholdy einst sehr beeindruckte.*

2

3

leakin auf dem Festland fertig, stellte prompt Schottlands berühmt-berüchtigter Fährenbetreiber Caledonian MacBrayne, auch kurz Cal-Mac genannt, den Fährdienst ein. Stattdessen wurde für das Befahren der Brücke, die sich nicht so recht in die Landschaft einfügen will, eine stolze Maut erhoben. Es hagelte nicht nur Proteste, es kam zu handfesten Demonstrationen und einer langen Kampagne gegen die Maut. 130 Aktivisten wurden verurteilt, weil sie sich weigerten, die Maut zu zahlen, die zum Schluss £11,50 hin und zurück für einen PKW kostete. Zum Schluss! Denn das Ende der Maut kam am 21. Dezember 2004 um 7.30 Uhr morgens. Schottlands neues Parlament setzte ihre Abschaffung durch. William Easingwood, ein 59-jähriger Fischer aus Dunbar, war der erste Fahrer, der die Brücke seit 1995 völlig legal überquerte, ohne eine Maut entrichten zu müssen. Seit dem 11. Februar 2008 ist ganz Schottland ein »mautfreies Land«.
Die Insel Skye übt einen ganz besonderen Zauber aus mit ihrer atemberaubenden Landschaft. Und die oft nebelverhangenen Black Cuillins, deren höchster Berg Sgurr Alasdair 995 Meter in die Wolken steigt, haben schon etwas Mysteriöses an sich. Eindrucksvoll sind die Cuillins, wenn der Sturm von ihnen herunterpeitscht und die Oberfläche des Loch Coruisk aufwirbelt, während düstere Wolken an der schwarzen, baumlosen Wand des Berges vorüberziehen. Auf der anderen Seite des Loch Coruisk liegen große Granitblöcke, wie zufällig dahingeworfen. Ebenso die Felsenformationen des Quiraing in der Nähe von Staffin mit den weit ausgedehnten Wiesen, auf denen hin und wieder Highland Cattle grasen. Wer sich die Mühe macht und hier einen dieser Berge des Meall na Suiramach besteigt, der sieht eine Landschaft, die eher an den Mond oder den Mars denken lässt als an einen Teil von Westeuropa.
Ungefähr 13 Kilometer nördlich von Portree stehen andere überraschende Felsformationen, die 720 Meter hohen Storr Rocks. Sie werden von einem gigantischen Basaltmonolith überragt, dem »Old Man of Storr«: für den Wanderer ein wunderbares natürliches Schaubild, für den Bergsteiger eine Herausforderung. Erst 1955 wurde dieses Überbleibsel vulkanischer Aktivitäten zum ersten Mal bezwungen.
Ganz besonders stolz ist man auf Skye auf eine Begebenheit in Zusammenhang mit Bonnie Prince Charlie. Die Clan Chiefs der Insel hatten sich während der Rebellion von 1745/46 eher zurückgehalten und den Thronanwärter kaum unterstützt. Aber eine junge Frau namens Flora MacDonald leistete ihren ganz persönlichen Beitrag. Nachdem die Soldaten der königlichen Armee die Hochlandclans bei Culloden vernichtend geschlagen hatten, flüchtete Prinz Charles Edward erst durch die Highlands und dann auf die Hebrideninseln. Auf South Uist traf er die junge Flora MacDonald. Sie riet ihm, sich ein geblümtes Kleid anzuziehen und als irische Magd Betty Burke mit ihr nach Skye überzusetzen. Vor der Nordwestküste wurden sie von englischen Soldaten beschossen, ruderten aber mutig weiter zur Halbinsel Trotternish.
Bei Kingsburgh fand der Prinz im Haus der MacDonalds vorübergehend Unterschlupf. Von dort brachte Flora ihn nach Monkstadt, wo sich der Sitz des Chiefs der MacDonalds befand. Lady Margaret, die Frau des Chiefs, der sich ebenfalls

1 *Der Neist Point Leuchtturm steht am westlichen Zipfel der Insel Skye.* – 2 *Gestapelte Hummerreusen in Harris.* – 3, 4 und 5 *Skye ist eine große Insel und leicht zu erreichen, seitdem es eine umstrittene Brücke vom Festland gibt. Und doch hat man oft das Gefühl, dass auch hier die Zeit in mancher Hinsicht stehen geblieben ist: Die pastorale Idylle scheint erhalten geblieben zu sein.*

4

5

1

2

nicht für die Sache der Stuarts eingesetzt hatte, verhalf dem Prinzen zu einem weiteren Versteck.
Selbstverständlich war Flora MacDonalds Rolle bei der Flucht des Thronanwärters nicht zu verheimlichen. Als der Prinz schon längst auf dem Weg nach Frankreich war, wurde Flora festgenommen, nach London gebracht, verurteilt, eingekerkert und erst ein Jahr später begnadigt. Unter einem großen keltischen Kreuz auf dem Friedhof von Kilmuir liegt sie nun begraben.

Lewis und Harris

Für viele Menschen besteht Schottland, selbst wenn sie noch nie dort gewesen sind, in erster Linie aus den Western Isles, den Äußeren Hebriden. Über 200 Kilometer lang erstrecken sie sich vor der Nordwestküste Schottlands am Rande Europas im Atlantischen Ozean, nahezu baumlos, dafür mit vielen Seen, Moorlandschaften, Torffeldern und satten Wiesen. Hier befinden sich auch einige der schönsten Strände Schottlands – gelegen vor fruchtbarem Weideland, jenen Ebenen, die sich an der Küste entlangziehen und »machairs« genannt werden. Sogar seltene Orchideen wachsen hier.
Seit 6000 Jahren werden einige der Western Isles schon bewohnt. Die Standing Stones von Calanais (Callanish) auf Lewis sind beeindruckende Zeugen dieser Vergangenheit. Um den Steinkreis von Calanais wirklich auf sich wirken zu lassen, sollte man ihn frühmorgens besuchen, wenn der Bodennebel sich gerade zu lichten beginnt. Wenn dann die Gedanken durch die dunstigen Schleier zurückstreifen zu den Menschen, die hier zwischen 2000 und 1500 vor unserer Zeitrechnung gelebt haben, wird dieses Monument, das sie ihren Göttern widmeten, wohl nur von dem weltbekannten Steinkreis von Stonehenge übertroffen. Hier auf Lewis kann man die moderne Zeit tatsächlich völlig vergessen.
Etwas weniger als 30 000 Menschen wohnen heute auf den zwölf Hauptinseln Lewis und Harris, Bernera, Scalpay, Bernaray, North Uist, Baleshare, Grimsay, Benbecula, South Uist, Eriskay, Barra und Vatersay. Ihre Bewohner sind Gàidheil, Gälen. Hierher hatten sich ihre Vorväter zurückgezogen, als gälische Sprache und Brauchtum in Schottland verboten wurden. Sie betrachten sich als berufene Hüter einer reichen, aber bedrohten Kultur, die sich dem Fremden gegenüber am besten durch die Musik vermittelt, die jedes Jahr bei den unterschiedlichsten Veranstaltungen gefeiert wird. Man nennt diese Musikfeste »Faisean«, und eines der bekanntesten davon ist sicher das »Isle of Barra Festival«.
Eisern hält sich die Vorstellung, dass Harris und Lewis zwei Inseln sind, dabei sind sie bei Tabert durch eine Landzunge miteinander verbunden, ja North Harris liegt auf dem Teil, den die meisten für die Insel Lewis halten. Von Harris, einem der schönsten Gebiete der Äußeren Hebriden, stammt der »An Ciò Mòr«, weltbekannt als Harris Tweed. Er wurde schon lange dort gewebt, bevor Lady Dunmore, die Frau des Laird of the Islands, in den 40er-Jahren des 19. Jahrhunderts auf die glorreiche Idee kam, den Arme-Leute-Stoff bei der britischen Aristokratie einzuführen. Der Erfolg war durchschlagend und in dem Maß nicht vorauszusehen. Heute besteht der Gentleman in Frankreich oder den USA genauso auf Harris Tweed für seine Sportkleidung wie der Businessman aus Japan. Der Absatz ist für alle Zeiten gesichert, die Inselbewohner haben ihr Einkommen. Insgesamt stehen auf den Inseln Harris, Lewis, den Uists und Barra rund 700 Webstühle. Für diese Inseln haben sich die »na caoraich mhora«, die großen Schafe, also tatsächlich als langfristiger Segen erwiesen.
Lewis, auf gälisch »Eilean an Fhraoich«, Insel des Heidekrauts, ist aber auch bekannt für seine Torfmoore und Hunderte von großen und kleinen Seen. Und Lewis kann die einzige Stadt der Western Isles vorweisen: das kleine Stornoway mit seinen rund 8600 Einwohnern.

Die Orkneys

»Hinter Britannia, dort, wo sich der endlose Ozean öffnet, liegt Orkney«. So schrieb im 5. Jahrhundert der Priester Paulus Orosius. Dabei liegt die Inselgruppe nur wenige Kilometer nördlich vom schottischen Festland entfernt. Und doch ist sie schon eine Welt für sich. Rund 70 Inseln sind es, geprägt von den Mysterien europäischer Ur- und Frühgeschichte: Überreste frühzeitlicher Siedlungen, Befestigungsanlagen, Grabkammern und Steinkreise, die älter sind als die ägyptischen Pyramiden. Aber auch aus der jüngeren Geschichte finden sich Baudenkmäler. Da sind zum Beispiel die Martello Towers, die gebaut wurden, um die Flotten Napoleons abzuwehren, oder eine Kapelle, die italienische Kriegsgefangene während des Zweiten Weltkriegs bauten. Wie überall in Schottland, ob auf den Inseln oder dem Festland, ist es jedoch auch auf den Orkneys wieder die harsche

1 *Der Carloway Broch auf Lewis ist einer der bekanntesten runden, eiszeitlichen Schutztürme in denen höchstwahrscheinlich die Stammesführer mit ihren Familien wohnten. Dieser liegt oberhalb von Loch an Duin auf einer Bergkuppe, von der aus die Umgebung leicht zu überschauen war. Dieser Broch ist etwa 2000 Jahre alt und ungefähr 8 Meter hoch mit einem Durchmesser von 15 Metern.* – 2 *Am Hafen von Stornoway auf der Insel Lewis sieht man deutlich, dass die Menschen hier vor allem von der Fischerei leben.*

1

2

Schönheit der Natur, die ihren besonderen Reiz auf die rund 120 000 Besucher ausübt, die jedes Jahr diese Inselgruppe besuchen. Und es gibt hier sogar Sandstrände, mit denen Schottland nun nicht gerade verwöhnt ist.
Nur 16 Inseln sind von den 19 000 Einwohnern besiedelt. Mainland ist die größte und Hoy die faszinierendste: 300 Meter steil abfallende Klippen, und der »Old Man of Hoy« steht 130 Meter vor der Steilküste. Ein einsamer Felsen, wie ein Schornstein inmitten der Brandung, umpeitscht von den eiskalten Nordwinden.
Wie wenig die Orkneys mit Schottland zu tun haben, merkt man auch daran, dass jedes Jahr immer mehr Besucher aus Norwegen hierher kommen, um Ausgrabungsstätten ihrer Wikingervorfahren zu bewundern, wie es sie in ihrer Heimat nicht gibt.
In Kirkwall, der größten Stadt der Orkneys, steht die St Magnus Cathedral, die zu Beginn des 20. Jahrhunderts ausgiebig restauriert wurde und zusammen mit der Kathedrale von Glasgow als eines der schönsten gotischen Sakralgebäude Schottlands gilt. St Magnus ist in einer Hinsicht einzigartig. Sie ist die einzige Kirche im Vereinigten Königreich, die der Stadt und nicht der Kirche gehört oder je gehört hat. Gleich gegenüber blickt man auf den Palast des Earl Patrick, der eines der wichtigsten Beispiele für Renaissance-Architektur in Schottland ist. Er wurde 1607 für den Tyrannen Patrick Stewart gebaut, den zweiten Earl of Orkney, der 1614 in Edinburgh wegen seiner Untaten zum Tode verurteilt und gehenkt wurde.
Ein weiterer Höhepunkt ist Maes Howe bei Bowness, ein riesiges Steinzeitgrab, das als eines der interessantesten in Westeuropa gilt. Es stammt etwa aus den Jahren um 2000 vor unserer Zeitrechnung. Die Gruft mit zwei Seitenkammern war möglicherweise das Grab eines Potentaten oder religiösen Führers. Im 12. Jahrhundert brachen Wikinger auf der Suche nach Schätzen in das Grab ein, und Nordländer benutzten es später als Unterschlupf. Sie hinterließen eine der größten Sammlungen von runischen Graffiti, die jemals entdeckt wurde. Eine beeindruckende Ausgrabungsstätte ist auch Skara Brae, ein ganzes Dorf, das von einer bedeckenden Erdschicht befreit und wieder zutage gefördert wurde. 250 Jahre lang war es bewohnt, und wurde dann ungefähr 1800 vor Christus ganz plötzlich verlassen. Warum, weiß niemand genau.

Die Shetlands

Die Shetlands, die nördlichsten der britischen Inseln, liegen näher an der norwegischen Stadt Bergen als an Edinburgh, und gemessen an der Distanz nach London liegt die Inselhauptstadt Lerwick näher am Polarkreis als an der Themse. Die Shetlands bestehen aus 100 Inseln, von denen nicht einmal 20 besiedelt sind. Klimatisch sind sie höchster Norden mit langen Tagen im Sommer und nicht enden wollenden Nächten im Winter. Bäume gibt es kaum. Dafür sorgen die eisigen nordischen Winde. Stattdessen gedeihen hier über 800 blühende Pflanzen und Farne. Aber das war nicht immer so.
Die Torfmoore beweisen, dass auf den Shetlands einst Birken, Haselsträucher und Weiden wuchsen. Die Entforstung begann mit einem Klimawechsel am Ende des Bronzezeitalters und wurde später mit der Einfuhr von Schafen rasend schnell

3

4

5

1 *Die Ausgrabung der jungsteinzeitlichen Siedlung Skara Brae auf den Orkney-Islands ist ca. 5000 Jahre alt und bestens erhalten.* – 2 *Die St. Magnus Cathedral in Kirkwall auf den Orkneys.* – 3 *Das Wikingerdorf Brough of Birsay stammt aus dem 12. Jahrhundert.* – 4 *Kinder spielen bei Ebbe am Meer von Brough of Birsay.* – 5 *Die kleine Kirche St. Clement's wurde um das Jahr 1520 von Alexander MacLeod of Dunvegan auf Harris gegründet.*

vorangetrieben. Obwohl die Inseln schon nach der letzten Eisschmelze bevölkert wurden, gab es feste Siedlungen erst während des Neolithikums.
Die frühesten Bewohner der Shettland-Inseln waren wahrscheinlich die Pikten. Ihr Name stammt von den Römern und wird auf die Sitte, sich zu tätowieren, zurückgeführt. Von der Kultur der Pikten ist nur wenig bekannt, es sind fast nur spät entstandene Bildsteine und Stelen erhalten, die jedoch mit Schriftzeichen – teilweise in der eigenen Sprache – und prachtvollen Ornamenten über und über verziert sind.

Dann kamen um das Jahr 800 die Wikinger und zwangen den Inseln ihre Kultur auf. Es sollte ein nachhaltiger Einfluss bleiben: Bis zum Jahr 1266 unterstanden die Shetlands ebenso wie die Western Isles und die Hebriden der norwegischen Krone. Zusammen mit den Orkneys kamen die Shetlands 1468 als eine Art Mitgift-Ausgleich an Schottland. Die Maßnahme war als eine temporäre Aussteuer der Prinzessin Margaret gedacht, Tochter des Königs von Dänemark, anlässlich ihrer Eheschließung mit dem späteren James III. von Schottland. Nach Abzahlung einer Schuld sollten sie wieder an Skandinavien fallen. Die Schuld wurde beglichen, aber irgendwie vergaß man, die Inseln zurückzugeben. Spitzfindige Geschichtsprofessoren vertreten deshalb auch hin und wieder die Ansicht, dass die Inseln noch immer der norwegischen Krone gehören. Doch die meisten Besucher schert das wenig. Sie faszinieren vielmehr sichtbare Überreste aus Ur- und Frühgeschichte wie etwa der Jarlshof. Dieser Gebäudekomplex aus dem Jahr 2000 vor unserer Zeitrechnung zählt zu den bedeutendsten seiner Art in Europa. Vom Jarlshof im Süden über Mousa und Burra bis hin zu der nördlichsten Spitze Muckle Flugga erstrecken sich die prähistorischen Stätten. Und es begeistert Besucherinnen und Besucher, dass auf den Shetlands auch heute noch neue Entdeckungen gemacht werden. Im Mai 1996 fanden Archäologen zum Beispiel an einem einsamen Küstenstreifen im Nordwesten Relikte einer frühgeschichtlichen Mischung aus Werkskantine und Sauna und 2002 ein nordisches Bootsgrab.
Aber auf den Shetlands gibt es auch Sullom Voe, das größte Ölterminal Europas. Sicherlich hat das schwarze Gold den Bewohnern der Inseln viel Gutes gebracht, es hat aber auch eine bis dahin ziemlich abgeschlossene Gemeinschaft, traditionelle Berufe und Werte mit Veränderungen konfrontiert. Ruhe und Frieden, ein Leben, das sich um den Fischfang, ihre Crofts, die Schafzucht und das Stricken der weltbekannten Shetland-Pullover drehte, stehen seit mehreren Jahrzehnten dem Wandel des modernen Zeitalters gegenüber. Das Öl brachte eine wichtige Verbesserung des Straßennetzes mit sich, die Frequenz der Fährverbindungen von den Inseln zum Festland wurde erhöht. Am auffälligsten aber und einmalig für Schottland: Fast jede Gemeinde verfügt heute über ein Hallenbad. Auch Besucher wissen dies zu schätzen – angesichts der Wassertemperatur des nordischen Ozeans. Ebenfalls bitterkalt ist es, wenn am letzten Dienstag im Januar mit dem »Up-Helly-Aa« der wichtigste Feiertag des Jahres begangen wird. Seit 1881 zieht es dann in Lerwick die Menschen mit einem Fackelzug auf die Straße. Mit den zahlreichen Gästen, die anlässlich dieses Lichter- und Feuerfestes anreisen, sind es heute über 4000, die damit an eine alte Tradition anknüpfen. Am 5. Januar nämlich hatte man in früheren Jahrhunderten nach altgermanischem Brauch das Julfest gefeiert. Am 24. Tag danach war es dann Zeit für die Wintersonnenwende. Heute beherrschen zu diesem Termin zwar wieder Wikinger das Stadtbild von Lerwick, aber das Fest hat zunehmend Ähnlichkeit mit dem deutschen Fasching. Karnevalsprinz ist der Jarl, und die meisten suchen sich eine Kostümierung aus, die nicht unbedingt etwas mit der nordischen Vergangenheit zu tun hat. Mexikanische Tänzer sind da inzwischen genauso zu Hause wie Micky Mouse. Auch eine Art von Büttenreden wird gehalten: Auf den »Bills« zieht man die Tagespolitik durch den Kakao.
Seit dem Jahr 1889 aber ist der Höhepunkt aller Feierlichkeit das Verbrennen eines Langschiffs, auf das die Teilnehmer am Ende des Umzugs ihre Fackeln werfen. Die typische Fröhlichkeit, Ausgelassenheit und Hilfsbereitschaft und der trotz aller wirtschaftlichen Probleme ungetrübte Optimismus der Inselbewohner zeigen sich zu keiner Zeit stärker als beim »Up-Helly-Aa«-Fest, wenn sich die Menschen symbolisch vom Winter verabschieden und freudig die Rückkehr der Sonne begrüßen.

1 *Nachdem sie nicht mehr im Bergbau eingesetzt werden, erfreuen sich die putzigen Shetlandponys großer Beliebtheit als Reitpferde für Kinder.* – 2 *Segelboote bei Lerwick zaubern bunte Tupfer ins dunkle Meer.* – 3 *Muckle Flugga, Großbritanniens nördlichster Leuchtturm im Hermaness National Nature Reserve auf den Shetland-Inseln.*

2

3

1

1 *Zu den Steinkreisen von Callanish auf Lewis gehören 20 Steingruppen, von denen manche bis zu 50 Steine umfassen. Diese »standing stones« wurden vor 3000–4000 Jahren aufgestellt.* – 2 *Der Old Man of Hoy ragt 137 Meter aus dem Wasser.* – 3 *Der Hafen von Tarbert.* – 4 *Es gibt sie noch, die roten Telefonzellen – auch auf Skye.*

Seite 136/137
Blick auf den alten Friedhof von St. Oran auf der Insel Iona. Hier fanden zahlreiche Könige und Königinnen ihre letzte Ruhestätte.

Wind, Wetter und der Atlantik haben harte Arbeit geleistet, um die Küste von Skye zu diesem atemberaubenden, optischen Erlebnis zu machen.

Seite 140/141
Phionnphort an der äußersten Westküste von Mull ist ein Dorf mit etwa 70 Einwohnern. Weltbekannt ist dieser Teil der Insel für seine rosa- und rotfarbenen Granitfelsen. Vom kleinen Hafen fahren Fähren nach Iona und Staffa und Fischerboote auf den Atlantik.

Seite 142/143
Isle of Eigg von Arisaig aus gesehen.

1

2

Schottlands Top Ten

Holyroodhouse

Dies ist die offizielle Residenz der Queen in Schottland, obwohl sie sich viel lieber in ihrem Privatschloss Braemar Castle aufhält. Die Royal Apartments waren oft Schauplatz grausamer Geschichte. Mary Queen of Scots lebte hier, und bei der Rebellion von 1745 war hier das Hauptquartier von Bonnie Prince Charlie. Sehenswert ist die Queen's Gallery mit wechselnden Ausstellungen aus dem Fundus Ihrer Majestät.
Im Garten steht die eindrucksvolle Ruine der Holyrood-Abtei von 1128. Felix Mendelssohn Bartholdy schrieb seine *Schottische Sinfonie* nach einem Besuch der Ruine.
Im Schatten des Palasts bildet das hypermoderne Parlament einen Kontrast, der schon architektonisch zeigt, dass Schottland nach vorne blickt. Eine tolle Aussicht hat man von Arthur's Seat aus.
Palace of Holyroodhouse
Canongate, Royal Mile
EH8 8DX Edinburgh,
Tel. 0131/5565100
www.royalcollection.org.uk

Caledonian Canal

Manche Attraktionen muss man sich erarbeiten, sie führen einen sozusagen durch zahlreiche Elemente, die ein Ganzes ergeben. Der Caledonian Canal, 1803 von dem brillanten Ingenieur Thomas Telford begonnen und nach 19 Jahren fertig, verbindet die Ostküste der Highlands mit der Westküste und ist 107 km lang, wobei ca. 72 km durch natürliche Gewässer führen: durch Loch Lochy, Loch Oich und Loch Ness. Insgesamt passieren die Schiffe hier 29 Schleusen. Die eindrucksvollsten sind Neptune's Staircase, acht Stufenschleusen bei Banavie, 3 km nördlich von Fort Williams. Von hier hat man einen guten Blick auf Schottlands höchsten Berg, den Ben Nevis. Loch Ness, der tiefste See des Landes, ist auch ohne Ungeheuer beeindruckend und bietet die Kulisse für das vielfotografierte Castle Urquhart. Die Burg stammt aus dem 13. Jh., wurde aber 1545 vom MacDonald-Clan geschleift. Am Loch Ness liegt Inverness, die »Hauptstadt der Highlands«.
www.scottishcanals.co.uk

Glamis Castle

Dies ist der Familiensitz der im Jahr 2002 im Alter von 101 Jahren verstorbenen Königinmutter und der Geburtsort ihrer Tochter, Princess Margaret. Glamis (ausgesprochen *Glahms*), die sechs Wochen vor ihr verstorben war.
Das Castle hat eine lange und grausame Geschichte. Angeblich wurde König Malcolm II. hier im 11. Jh. ermordet. Und Lady Janet Douglas, die Witwe des Earl of Glamis, wurde im Jahr 1537 auf einen Befehl von König James V. hin als Hexe verbrannt.
Außerdem gibt es hier angeblich einen geheimen Raum, in dem einer der Herren von Glamis einst mit dem Teufel Karten gespielt hat.
Bekannt ist das Schloss weltweit aber vor allem als einer der Schauplätze in Shakespeares *Macbeth*. Der historische König Macbeth hatte allerdings nichts mit Glamis Castle zu tun. Denn das ursprüngliche Schloss wurde erst im 14. Jh. errichtet, also lange nach dessen Zeit. Im 17. und 18. Jh. dann wurde es in großem Stil umgebaut und erweitert. Das gesamte Anwesen erstreckt sich heute über ganze 57 km^2.
In der Nähe von Forfar,
21 km nördlich von Dundee,
Tel. 01307/840393,
www.glamis-castle.co.uk

Linlithgow Palace

Hier wurde 1542 die tragische Mary Queen of Scots geboren. Charles I. hat in diesem Palast 1633 übernachtet und Oliver Cromwell schlug hier 1650–51 sein Winterquartier auf. Eine eindrucksvolle Ruine, die sich majestätisch am Ufer des Linlithgow Loch erhebt. Heute stehen nur noch die Außenmauern, nachdem der Palast 1746 von englischen Truppen auf dem Weg nach Culloden Moor aus Versehen niedergebrannt wurde.
11 km südlich von Grangemouth,
Tel. 01506/842896,
www.historic-scotland.gov.uk

Traquair House

Nicht nur das älteste kontinuierlich bewohnte Haus Schottlands, sondern sicherlich auch eins der romantischsten. Das Schloss wurde Anfang des 12. Jahrhunderts gebaut, und 27 Fürsten haben hier im Lauf der Jahrhunderte übernachtet. Der berühmteste Gast war ohne Zweifel Mary, Queen of Scots. Mehrere Gegenstände im Museum Room erinnern an sie. Traquair House hat auch die älteste Brauerei Großbritanniens.

1 *Das Edinburgh Castle wurde im 14. Jh. zum ersten Mal urkundlich erwähnt.* – 2 *Der Caledonian Canal – hier ein Abschnitt in der Nähe von Loch Lochy – verbindet die Ost- und Westküste Schottlands.* – 3 *Steinkreise von Callanish auf Lewis.*

1,5 km südlich von Innerleithen,
Tel. 01896/830323,
www.traquair.co.uk

Mallaig Railway

Diese Eisenbahnstrecke gilt als eine der schönsten der Welt. Sie wurde gegen Ende des 19. Jhs. gebaut mit dem Ziel, Glasgow über Fort Williams mit dem Fischereihafen Mallaig zu verbinden. Im Jahr 1984 wurden nach einer 20-jährigen Pause neben den normalen Dieselzügen wieder Dampflocks eingeführt.
Die Rundreise beginnt im Schatten von Ben Nevis, geht über Arisaig, vorbei am Loch Morar, dem Flüsschen Morar und endet am mit 310 Metern tiefsten Salzwassersee Europas. Die Fahrt – jeden Tag außer samstags – startet in Fort Williams um 10.20 Uhr. Anderthalb Stunden Aufenthalt in Mallaig; um 16 Uhr ist man wieder in Fort Williams. Hin und zurück sind es 135 Kilometer, wobei man mehrere Brücken überquert (die eindrucksvollste das 380 Meter lange Glenfinnan Viaduct mit seinen 21 Pfeilern) und durch 11 Tunnel fährt. Von Mallaig hat man bei gutem Wetter einen herrlichen Blick auf die »Small Isles« Rhum, Eigg, Muck und Canna.
Tel. 0845/128 4681,
http://westcoastrailways.co.uk

Stirling Castle

Die Burg erhebt sich über der Stadt Stirling und dominiert mit ihren wuchtigen Mauern die Landschaft. Kaum eine andere Festung hat eine so wichtige Rolle in der Geschichte Schottlands gespielt wie Stirling: Wenigstens 16 Mal wurde sie belagert. Drei bedeutende Schlachten fanden in Sichtweite statt. William Wallace, Robert the Bruce und Edward I. kämpften um Stirling Castle. Zwischen den Jahren 1100 und 1685 war die Burg eine der Hauptresidenzen der schottischen Könige. Die meisten Gebäude stammen aus der Zeit zwischen 1496 und 1583, als die Burg umfassend aus- und umgebaut wurde.
Stirling,
Tel. 01786/450000,
www.stirlingcastle.gov.uk

Royal Highland Games Braemar

Kein Schottlandbesucher sollte versäumen, eines der Highland Games zu besuchen, die von Mai bis September an vielen Orten abgehalten werden. Es muss nicht unbedingt das Braemar Gathering sein, das immer am ersten Samstag im September stattfindet, auch wenn es neben den üblichen männlichen Sportarten wie »tossing the caber«, »putting the stone« oder »throwing the hammer«, seit den Tagen Victorias auch einen Blick auf die Königliche Familie bietet. Wie köstlich die sich bei der Veranstaltung amüsiert, kann man immer wieder in der internationalen Presse sehen. Tickets gibt es ab 1. Februar.
Braemar,
Tel. 013397/41098,
info@braemargathering.org

Glen Coe

Glen Coe ist einer der bekanntesten Pässe Schottlands – bekannt vor allem deshalb, weil hier am 13. Februar 1692 bei den örtlichen MacDonalds einquartierte Regierungssoldaten nachts die schlafenden Clanmitglieder umbrachten. Manche konnten flüchten, erfroren aber im Schnee. Nur wenige überlebten, um die Geschichte zu erzählen. Angeblich steckten die Campbells hinter dem Attentat. Vielleicht aus diesem Grund konnte man noch vor ein paar Jahren an einem Gasthof dort ein Schild finden mit der Aufschrift: »Hausierer und Campbells nicht erwünscht«. Gummistiefel sind angebracht, wenn man bereit ist, die Straße und das Auto zu verlassen. Charles Dickens hatte das Gefühl, dass hier Dämonen und Hexen zu Hause seien, Königin Victoria meinte nach einem Picknick im Glen verzückt: »Welche Aussicht. Man sollte sich Zeit nehmen.«
www.glencoescotland.com

Callanish Standing Stones

Wer die Äußeren Hebriden besucht, die ohne Zweifel eine Reise wert sind, der sollte sich die Megalithanlage auf der Insel Lewis ansehen. Sie wird oft als das Stonehenge Schottlands beschrieben. Dies ist die größte Steinformation der Megalithkultur auf den britischen Inseln; nur sehr viel abgelegener, geheimnisvoller und nicht von Autoverkehr umtost. Zu jeder Jahreszeit, bei jedem Wetter ein eindrucksvolles Rätsel, das uns die Ahnen hinterlassen haben.
In der Nähe der Ortschaft Breasclete, Isle of Lewis,
Tel. 01851/621422, www.callanishvisitorcentre.co.uk

Festivals & Events

Januar

Das Jahr beginnt mit den Neujahrsfeiern. Besonders Edinburgh ist berühmt für sein *Hogmanay-Fest*. Es ist die größte Neujahrsfeier der Welt – mit Konzerten, Festveranstaltungen und Feuerwerk.
Am letzten Dienstag im Januar wird *Up-Helly-Aa* auf den Shetland Inseln gefeiert, ein altes nordisches Fest. Das bekannteste und spektakulärste findet in der Hauptstadt Lerwick statt. Höhepunkt ist das Verbrennen eines zehn Meter langen Wikingerschiffs.
Am 25. Januar feiern die Schotten die Geburt ihres Volksdichters Robert Burns. Wichtige Bestandteile sind Haggis, Whisky und Lesungen.

Mai

Beltane ist ein altes Fest, das seit einigen Jahren wiederbelebt wird. Am ersten Mai huldigten die Vorfahren der heutigen Schotten dem keltischen Sonnengott Belenos. Überall im Land wurden auf den Hügeln Scheiterhaufen angezündet, um den Sommer zu begrüßen. Am ersten Mai kletterten die jungen Mädchen auf einen Hügel in der Nähe ihres Dorfes und wuschen ihr Gesicht im Morgentau, um ihren Teint jung zu halten.

Juni

Das *Glasgow Jazz Festival* existiert erst seit 1987, hat aber in der kurzen Zeit großen Anklang sowohl unter Musikern als auch Jazzliebhabern gefunden.

Juni bis August

So genannte *Common Ridings* werden überall im Süden Schottlands während der Sommermonate abgehalten. Dazu gehören farbenprächtige Pferdeparaden, angeführt von einem Fahnenträger, der jedes Jahr neu gewählt wird. Die Prozession führt an den Grenzen der Ortschaft oder Gemeinde entlang.

Juni bis September

Highland Games
Diese urschottischen Veranstaltungen, bei denen sich auch schon früher Clan mit Clan maß, finden den ganzen Sommer hindurch überall im Land statt. Neben Baumstammwerfen und Tauziehen gibt es den Schwerttanz und viel Dudelsackmusik. Ein großartiges Spektakel, das man sich auf keinen Fall entgehenlassen sollte.

Juli

Mitte Juli heißt es: »Fàilte gu Fèis Cheilteach Ìnnse Gall« (Willkommen zum keltischen Festival der Hebriden). *The Hebridean Celtic Festival* ist eines der jüngsten Festivals, hat sich aber seit 1996 einen erstaunlich guten Ruf erworben. Es wird von Einheimischen und Touristen gleichermaßen geschätzt. Es ist das größte keltische Festival in Nordschottland und bietet eine Plattform für die wichtigsten keltischen Bräuche. Man kann dort zum Beispiel eine Einführung in die gälische Sprache erhalten. Das Festival findet auf Lewis auf dem Grundstück von Lews Castle in Stornoway statt.

August

In Edinburgh finden seit 1947 jedes Jahr mit dem *Edinburgh International Festival* die größten und weltweit bekanntesten Kunstfestspiele statt. Vier Wochen lang bietet die Hauptstadt ein wahres Feuerwerk an Kunst und Kultur der unterschiedlichsten Richtungen. Theater und Opernaufführungen von Weltklasse, hervorragender moderner Tanz und bestes klassisches Ballett, Sinfoniekonzerte und Recitals der führenden und der innovativsten Solokünstler und Ensembles können Sie hier in bester Atmosphäre erleben. Sehr beliebt sind aber auch die Veranstaltungen der alternativen Kunstszene, des Fringe, die von Jahr zu Jahr größer werden. Inzwischen hat sich das *Fringe Festival* zum größten seiner Art auf dem Globus entwickelt.

Oktober

Das *Royal National Mod* ist das wichtigste Kulturereignis der Gälen. Es ist aber nicht nur eine Zuschauer-Veranstaltung, es ist ein Wettbewerb, der die gälische Sprache und Kultur durch Musik, Schauspiel, Bildende Kunst und Literatur feiert. Dachorganisation ist »An Comunn Gàidhealach«, die Gesellschaft zur Erhaltung und Förderung der gälischen Sprache. 2011 fand der Mod auf den Western Isles statt. 2012 ist Dunoon, 2013 Paisley und 2014 Inverness Austragungsort. Abends gibt es viele Nebenveranstaltungen, meistens so genannte »Ceileidgh« (ausgesprochen Käh-lie), die dem Festival auch den Beinamen »Whisky-Olympiade« verschafft haben.

November

St Andrews Day, den Tag ihres Schutzheiligen, feiern die Schotten am 30. November. Allerdings ist es kein gesetzlicher Feiertag.

1 *Der Kilt ist wohl das berühmteste Symbol für Schottland. – 2 Auf dem Fringe Festival in Edinburgh gibt es die schrägsten Dinge zu sehen. – 3 Mädchen beim Flora-MacDonalds-Tanz.*

Zeittafel

um 5000 bis 4000 v. Chr.
Steinzeitliche Jäger und Sammler in Schottland.

um 3800 v. Chr.
Besiedlung der Hebriden von Irland aus. Schottland ist dicht bewaldet.

4. Jh. v. Chr.
Die Kelten kommen nach Schottland.

DIE RÖMER

55 und 54 v. Chr.
Feldzüge Julius Caesars nach Britannien.

79 n. Chr.
Agricola, Statthalter Britanniens, fällt mit seinen Truppen in Schottland ein.

Anfang des 5. Jhs.
Ende der römischen Herrschaft.

WIKINGER, CHRISTEN, KÖNIGE UND MORDE

563
Columban gründet zusammen mit zwölf Schülern auf der Insel Iona ein Kloster.

793
Wikinger überfallen die Klosterinsel Lindisfarne. Beginn der Wikingerzeit.

um 844
Kenneth MacAlpin begründet die schottische Monarchie, durch Vereinigung der Gebiete der Pikten und der Skoten. Das neue Reich heißt Alba beziehungsweise Alban. Scone wird Hauptstadt.

1174
Wilhelm der Löwe fällt in England ein, wird gefangen genommen und muss einen Vertrag akzeptieren, der die Lehnshoheit Englands über ganz Schottland anerkennt. Dieser Zustand dauert bis 1189.

1296
Das schottische Volk weigert sich, Edward I. als Overlord zu akzeptieren. Der fällt daraufhin in Schottland ein und stiehlt den Krönungsstein, den Stone of Scone.

1314
Robert the Bruce fügt den Engländern bei Bannockburn eine vernichtende Niederlage zu. Für das nächste Jahrhundert ist Schottland so gut wie unabhängig.

1328
England erkennt die Unabhängigkeit Schottlands vertraglich an.

1542
In diesem Jahr wird Mary Stuart, Queen of Scots, geboren.

1561
Mary, Queen of Scots, kehrt von Frankreich nach Schottland zurück.

1567
Abdankung Mary Stuarts und Flucht nach England, wo sie neunzehn Jahre später enthauptet wird.

Zwischen 1640 und 1649
Es finden mehrere englische Bürgerkriege statt, die zur Enthauptung von Charles I. führen und zur Selbsternennung von Oliver Cromwell zum Lordprotektor von England, Schottland und Irland.

1707
Schottland erkennt den Thronanspruch der Hannoveraner an. United Kingdom.

1746
Mit dem letzten Versuch, die Krone für die Stuart-Familie zurückzugewinnen, und der verheerenden Niederlage durch Regierungstruppen auf dem legendären Schlachtfeld von Culloden zerplatzt der Traum von der schottischen Eigenständigkeit.

1765
James Watt erfindet die erste einsatzfähige und belastbare Dampfmaschine.

SCHOTTLAND IM 20. JAHRHUNDERT

1928
Gründung der »Scottish National Party« (SNP).

1970
Beginn der Förderung von North Sea Oil. Schottland wird zu einem Erdöl fördernden Land.

1979
Die Bestrebungen der SNP, für Schottland eine Teilautonomie, die sogenannte Devolution, zu erlangen, scheitern am mangelnden Interesse der schottischen Bevölkerung.

1997
Im September stimmt eine überwältigende Mehrheit der schottischen Wähler für ein eigenes schottisches Parlament.

2004
Königin Elizabeth II. eröffnet am 9. Oktober das neue, futuristische Parlamentsgebäude des katalanischen Architekten Enric Miralles. Die Queen beschreibt es als einen »Meilenstein der Demokratie im 21. Jahrhundert«.

2011
Bei den schottischen Parlamentswahlen erzielte die SNP völlig unerwartet die absolute Mehrheit, die den Weg zu einem Referendum über die Unabhängigkeit Schottlands frei macht.

2012
Alex Salmond, Schottlands »Erster Minister« und Führer der SNP, erklärt, dass im Herbst 2014 ein Volksentscheid über die schottische Unabhängigkeit abgehalten wird. Viele Engländer befürchten ein Ende des Vereinigten Königreichs.

1

2

Übernachten & Genießen

The Applecross Inn

Scotland Pub of the Year 2012. 2008 und 2009 Scottish Dining Pub of the Year. Die Applecross Halbinsel liegt etwas abseits an der Westküste. Schon allein die Fahrt von Tomapress über den Pass Bealach na Ba lohnt sich. Vom Pub blickt man auf die Inseln Skye und Rassay. Besonders empfehlenswert Fischgerichte und Wild. Herrlich geeignet für Spaziergänge und Wanderungen. Das Inn hat sieben Schlafzimmer. £60 pro Person und Nacht, £50 pro Person und Nacht für zwei oder mehr Nächte.
Applecross, Western Ross, IV54 8LT
Tel. 01520/744262,
Fax. 01520/744400,
www.applecross.uk.com

Summer Isles Hotel

Wahrscheinlich ist es die längste Sackgasse Schottlands. Ungefähr 50 km nördlich von Ullapool an der Westküste. Scottish Hotel of the Year 2006. Chris Firth Bernard, der Küchenchef, erhielt seinen Michelin-Stern 1998. Das Hotel ist eins von neun in ganz Schottland, die so ausgezeichnet wurden. Es wurde 2008 von Terry und Irina Mackay gekauft. Fast 40 Jahre lang war es im Besitz der Irvine-Familie. Sie hat ein heruntergekommenes Hotel in eines der beliebtesten Schottlands verwandelt. Hotel und Restaurant sind von April bis Oktober geöffnet.
Achiltibuie
Ullapool, Ross-shire IV26 2YG
Tel. 01854/622282,
Fax. 01854/622251,
www.summerisleshotel.com

2 Cambridge Street

Ein Edinburgher Bed & Breakfast, das wir nur wärmstens empfehlen können. Es gefällt durch Messingbetten, polierte Holzfußböden und ruhige, dunkle Tapeten. Hinter dem Haus befindet sich sogar ein kleiner Stadtgarten. Die Straße liegt im Schatten von Edinburgh Castle. Ein großes Parkhaus befindet sich in unmittelbarer Nähe, ebenso viele Restaurants, Theater, Konzertsäle, Pubs. Ideal für einen Besuch des jährlichen Edinburgh Festivals. Dann sollten Sie allerdings weit im voraus buchen, denn es gibt nur zwei Zimmer. Das Frühstück bereitet Sie auf den Tag vor.
2 Cambridge Street, Edinburgh, EH1 2DY,
Tel. 0131/4780005,
www.wwwonderful.net
£95–£125 (je nach Saison)

Abode

Schottland ist nicht nur rustikal und folkloristisch. Es kann auch äußerst zeitgemäß sein, wie dieses moderne Hotel in Glasgow. Mitten in der Stadt, in unmittelbarer Nähe mehrerer Bahnhöfe, Geschäfte und Restaurants. Das solide Steingebäude lässt rein äußerlich weder auf die moderne Einrichtung noch das elegante Restaurant schließen. Das Marks Hotel schräg gegenüber ist architektonisch wesentlich moderner. Abode ist zwar eine Kette, aber die Häuser sind trotzdem empfehlenswert. Darüber hinaus hat dieses Hotel mit Michael Caine (nein, nicht der Schauspieler) einen der wichtigsten Gourmetköche Großbritanniens. Sie brauchen das Hotel also eigentlich nicht zu verlassen, wenn Sie erstklassig speisen wollen.
129 Bath Street, Glasgow, G2 2SZ,
Tel. 0141/2216789,
www.abodehotels.co.uk/glasgow

Lerags House

Mehr als nur ein Bed & Breakfast. Das Lerags House bietet auch Abendessen. Das ist praktisch, wenn man über Land fährt. Da ist oft das nächste Restaurant meilenweit entfernt. Larigs liegt allerdings nur 6,3 km südlich der Hafenstadt Oban am Loch Feochan. Die Besitzer, Bella und Charlie Miller, sind zwar keine Schotten, aber Bella greift auf die besten Zutaten zurück, die Schottland für Frühstück und Abendbrot zu bieten hat. Sie können aber auch zum Temple Seafood Restaurant in Oban fahren und die herrliche Aussicht auf Meer, Inseln und die vorbeifahrenden Fähren genießen *(1 Railway Pier, Oban, PA34 4LW, Tel. 01631/563110)*. Die Fähren fahren zu den Inseln Mull, Tiree, Coll, Barra, South Uist.
Lerags, Oban, Argyll, PA34 4SE
Tel. 01631/563381
www.leragshouse.com
April-Oktober. 6 Zimmer und eine Suite. Ab £86 pro Person

The Horseshoe Inn

»Restaurant of the Year for Scotland 2007–2008«. Dieses gemütliche, elegante Inn liegt 29 km südlich von Edinburgh und 8 km nördlich von Peebles in den Borders. Das ist die freundlichere Landschaft der Lowlands. Es ist ein niedriges Gebäude (die ehemalige Dorfschmiede). Nicht nur das Res-

1 *Das weiße Pub in Carrbridge wirkt sehr einladend mit seinem Freisitz vor der Tür.* – 2 *Gemütlich und in guter Gesellschaft genießt man das ein oder andere Pint.* – 3 *Bei den Burns Nights, einem Festival zu Ehren des Dichters Robert Burns wird Haggis serviert, ein traditionell schottisches Gericht mit Schafsinnereien.*

taurant, sondern auch die acht Zimmer (in der ehemaligen Dorfschule) sind mehrfach von der AA (Automobile Association) ausgezeichnet worden. Das Inn nennt sich »Ein Restaurant mit Zimmern«. Sie werden einen Besuch auf keinen Fall bereuen.
Eddleston (bei Peebles, EH45 8QP),
Tel. 01721/30225,
£100 pro Nacht (Okt–Nov £55)

Cross Keys

40 km nördlich von Glasgow, 16 km westlich von Stirling. Das Cross Keys – Gastro Pub of the Year 2009 - ist ein bescheidenes, weiß getünchtes Gebäude. An der Fassade steht: »Est. 1703« und »pub food. room. log fires«. Auf dem Bürgersteig stehen die typischen britischen Pubbänke. Das Cross Keys hat genau drei Zimmer, Fußbodenheizung, hervorragende Betten mit herrlicher, zum Schlaf einladender Bettwäsche. Vom Biergarten aus hat man eine wunderbare Aussicht. Die Küche ist modern European und serviert das beste Lamm-, Rind-, Wild- und Schweinefleisch, das Schottland zu bieten hat. Starten Sie den Tag mit echtem schottischen Porridge, geräuchertem Lachs und Rührei. Loch Lomond, Stirling Castle und der Trossachs National Park sind nicht allzu weit entfernt
Main Street, Kippen, FK8 3DN
Tel. 01786/870293
www.kippencrosskeys.com
B&B ab £60

The Ceilidh Place

Céilidh (Kählie) ist das schottisch-gälische Wort für Besuch. Dabei wurden Geschichten erzählt, getanzt, musiziert und gesungen. Der Ceilidh Place wurde 1970 von dem 1995 verstorbenen schottischen Schauspieler Robert Urquhart ins Leben gerufen. Es ist ein sehr individuelles, charmantes Hotel. Schlicht, aber sauber. Die meisten Zimmer haben eigenes Bad und – ein besonderer Service – alle haben ein gut bestücktes Bücherregal. Das Restaurant ist einfach, aber es wird mit den besten schottischen Zutaten gekocht. Was den Ceilidh Place so beliebt macht, ist die Atmosphäre. Von Ullapool am Loch Broom fahren die Fähren nach Stornoway of the Isle of Lewis.
14 West Argyle Street
Ullapool, IV26 2TY
Tel. 01854/612103
www.theceilidplace.com

Grasshoppers

In unmittelbarer Nähe zum Bahnhof kann man hier sehr preiswert wohnen. Die ersten fünf Etagen wirken nicht gerade einladend, doch die sechste ist eine Welt für sich – hier findet man ein Luxushotel ohne Luxuspreise. Die 30 Zimmer hier oben sind neu eingerichtet nach dem Prinzip skandinavischer Sachlichkeit. Die Bettwäsche ist aus feinster ägyptischer Baumwollen, die Duschen funktionieren hervorragend, WiFi ist kostenlos. Das Frühstück eignet sich hervorragend, um Sie auf ihre Erkundung Glasgows vorzubereiten. Montags bis Donnerstags kann man auch im Hotel zu Abend essen – wenn man sich nicht in das überbordende Angebot von Glasgows Restaurants stürzen möchte. Übrigens: Die Fenster blicken entweder auf das Glasdach der Central Station oder auf die Dächer der Union Street.
87 Union Street, Glasgow, G1 3TA
Tel. 0141/222 2666
www.grasshoppersglasgow.com
DZ ab £85

The Caledonian

Dies ist ein Luxushotel der alten Klasse. Wenn Sie nach dem Motto leben, man gönnt sich ja sonst nichts, dann sollten Sie hier einmal für eine oder zwei Nächte absteigen. Als wir selbst vor vielen Jahren das erste Mal dort unterkamen, überraschte uns nicht zuletzt eine Karaffe mit bestem schottischen Whisky auf dem Kaminsims unseres Zimmers ... Das Hotel wurde im Jahr 1903 eröffnet als, Großbritannien den Zenith seiner Macht erreicht hatte; 1914 kam mit dem Restaurant Pompadour eine der elegantesten Lokalitäten der Stadt hinzu. Im Lauf der Jahre wurde es mehrfach umgebaut, renoviert und erweitert – das letzte Mal 2012. In diesem Jahr änderte sich auch der Name von »Caledonian Hilton« zu »The Caledonian, A Waldorf Astoria Hotel«. Mit dem Wechsel wurde das Caledonian auch in ein 100%iges Nichtraucher-Hotel verwandelt. Die Liste berühmter Gäste reicht von Charlie Chaplin über Elizabeth Taylor bis Sean Connery. Er bucht immer dasselbe Zimmer mit dem besten Blick auf die Burg von Edinburgh.
Princes Street Edinburgh, EH1 2AB,
Tel. 0131/222 8888
DZ ab £139

1

2

Schottland von A bis Z

Anreise

Wer mit dem Auto reist, benutzt den Tunnel oder die Fähren von Holland, Belgien und Frankreich. Mit dem Flugzeug fliegt man am besten über London und dann weiter mit einem der Billigflieger nach Glasgow, Edinburgh, Inverness oder Aberdeen. Von Glasgow geht es mit oft sehr kleinen Maschinen auf die Inseln. German Wings fliegt direkt von Köln/Bonn nach Edinburgh, die Lufthansa von Düsseldorf und Frankfurt. Easyjet verbindet Köln/Bonn und München mit der schottischen Hauptstadt. Ryanair fliegt Bremen, Düsseldorf-Weeze und Frankfurt Hahn an.
Niki fliegt direkt von Edinburgh nach Linz, Graz und Wien, die British Airways nach Wien.
In der Schweiz werden Basel/Mulhouse und Genf von Easyjet angeflogen, Zürich von der BMI.

Ärztliche Versorgung

In Notfällen tritt die kostenlose ärztliche Versorgung durch den National Health Service auch für Touristen ein. Im Prinzip ist es so, dass EU-Bürger kostenlos von jedem General Practitioner behandelt werden müssen. Es empfiehlt sich eine Zusatzversicherung für private Behandlung. Genauere Informationen erteilen die Krankenkassen.

Auskunft (Internet)

www.visitscotland.com
VisitBritain
Hackescher Markt 1
10178 Berlin
Tel. 01801 46 86 42 (kostenpflichtig)
Fax: 030/3175 1910

In Österreich:

Britain Visitor Centre
Siebensterngasse 21
1070 Wien
Tel. 0800/ 150170 (Nulltarif)
Fax 01/5332616-85
E-Mail: a-info@visitbritain.org

In der Schweiz:

Britisches Verkehrsbüro
Badenerstraße 21
8004 Zürich
Tel. 043/3222000, (Hotline) 0844/007007
Fax 043/322 1001
E-Mail:
ch-info@visitbritain.org

Auskunft im Land

Auskunft vor Ort erteilt das Scottish Tourist Board, beziehungsweise das Highlands of Scotland Tourist Board. Filialen in jeder Ortschaft sowie an den Flughäfen Aberdeen, Edinburgh und Glasgow.

Botschaften/Konsulate

Deutsches Generalkonsulat
16 Eglinton Crescent
Edinburgh, EH12 5DG
Tel. 0131/332 2323
Internet:
www.edinburgh.diplo.de/
Österreich
(es gibt kein österreichisches Konsulat in Edinburgh)
Schweizer Generalkonsulat
58/2 Manor Place
Edinburgh, EH3 7EH
Tel. 0131/225 9313
http://www.eda.admin.ch/london

Camping

Der Camping and Caravanning Guide for Scotland: www.scottishcamping.com führt die 500 besten schottischen Campingplätze auf – allein 240 liegen in den Highlands und Islands.

Die vier größten Städte

Die letzte Volkszählung fand 2011 statt. Die Zahlen liegen aber noch nicht vor.

Glasgow (gälisch Glaschu) 1991: 658379 – 2001: 629501
Edinburgh (gälisch Dùn Èideann) 1991: 400632 – 2001: 430082
Aberdeen (gälisch Obar Dhèathain) 1991: 182133 – 2001: 184788
Dundee (gälisch Dùn Dè o. Dùn Dèagh) 1991: 157808 – 2001: 154674
Edinburgh ist seit 1437 Schottlands Hauptstadt und die zweitgrößte Stadt des Landes. Sie liegt an der Ostküste der sogenannten »Central Lowlands« am Südufer des Firth of Forth. Edinburgh ist berühmt für das jährliche Festival im August. Es setzt sich zusammen aus dem Edinburgh Fringe (dem größten Alternativ Festival der Welt), dem Edinburgh International Festival, dem Edinburgh International Film Festival und dem Edinburgh Military Tattoo mit Dudelsack- und Militärkapellen aus aller Welt. Das Wort Tattoo (Zapfenstreich), stammt vom holländischen »tap-toe«, also wörtlich »Zapfen zumachen«. Rund 200 000 Menschen aus aller Welt besuchen das Festival. Die Stadt gehört inzwischen zu den bedeutendsten Touristenzentren Nordeuropas. 15 Millionen Besucherinnen und Besucher kommen pro Jahr.

3

1 *Typisch britisch wirkt das Mellerstein House, das Herrenhaus von Robert Adam. – 2 Die »black houses« haben weder Fenster noch Schornstein. Der Rauch des kontinuierlich brennenden Torffeuers stieg hoch ins Dach. – 3 Eine Landstraße führt direkt auf den Berg Chaipaval zu.*

Einreise mit Tieren

Hunde (und Katzen) dürfen inzwischen mitgebracht werden. Sie benötigen allerdings einen Chip und die nötigen Impfungen. Sie sollten sich rechtzeitig beim Tierarzt erkundigen. Wenn man ganz von vorne anfängt (also einschließlich Chip-Implantation und Blutprobe für das Tollwutattest) dauert das Prozedere sechs Monate. Das Tier erhält einen »Pet Passport«, in den die aktuellen Impfungen eingetragen werden. Danach geht es schneller. Nicht früher als 48 Stunden und nicht später als 24 Stunden vor der Einreise muss Ihr Tierarzt ein Anti-Zeckenmittel auftragen, und eine Tablette gegen Bandwurm verabreichen.

Elektrizität

Sie brauchen lediglich einen Adapter für die britischen Steckdosen.

Fauna und Flora

Einst lebten hier Luchse, Bären, Wölfe in mehr oder weniger friedlicher Gemeinschaft mit Elchen oder Walrössern. Heute sieht die Fauna etwas bescheidener aus. Es gibt Alpenschneehühner, Alpenschneehasen, Hermeline, rote Eichhörnchen und Baummarder, vor allem aber die großen Wildkatzen. Stolz sind die Schotten auf den Fischadler. Anfang des 20. Jahrhunderts war er auf den britischen Inseln ausgestorben. 1954 ließ sich dann ein Paar aus Skandinavien am Loch Garten nieder und brütete erfolgreich. Heute sind es wieder rund 200 Paare. Keineswegs selten sind die Hochlandrinder, putzig anzusehen, freundlich, robust, langlebig und genügsam. Zahlreicher dürften die Hirsche sein. Ihretwegen kommen viele Besucher zur Jagd in die Highlands und auf die Inseln.
Ebenso interessant ist Schottlands Flora. So unterschiedlich wie die Topografie ist auch die Pflanzenwelt. Auf dem Friedhof von Fortingall in der Region Perth and Kinross steht der älteste Baum Europas, eine bis 5000 Jahre alte Eibe. Der größte Baum des Landes ist ebenfalls in Schottland zu finden: Die »Große Fichte« in den Ardkingles Woodland Gardens am Loch Fyne ist 64,31 Meter hoch.
Wer die berühmten Gärten Schottlands in den Atlantikregionen besucht, ist überrascht von der Vielfalt tropischer Pflanzen, die ihre Besitzer vor Generationen ansetzen ließen. Eine wichtige Rolle spielt hier der wärmende Golfstrom. Über 400 Gartenanlagen zeigen stolz Tausende von Pflanzen aus allen Erdteilen. Die Webseiten www.scotlandsgardens.org und http://gardens.visitscotland.com bieten eine hervorragende Übersicht.

Feiertage

Seitdem sich Heinrich VIII. von Rom trennte, ist eine Reihe katholischer Feiertage weggefallen. Die großen Feste, wie Weihnachten und Ostern, spielen selbstverständlich eine Rolle. Der 1. Januar war sogar ein Geschenk der Schotten an das restliche Vereinigte Königreich. Erst seit etwas über 40 Jahren ist er auch in England ein Feiertag. Bis dahin hatten nur die Schotten an dem Tag frei, der dort Hogmanay heißt. Wenn der 1. Januar auf einen Sonnabend oder Sonntag fällt, dann ist der darauffolgende Montag ein Feiertag. Hinzu kommen noch der Ostermontag sowie die Weihnachtstage. Wenn diese auf einen Sonnabend oder Sonntag fallen, werden die freien Tage in der folgenden Woche drangehängt. Zusätzlich gibt noch drei sogenannte Bank Holidays – die Banken sind also geschlossen. Die Bank Holidays beginnen am ersten Montag nach dem 1. Mai, dann wird der »Tag der Arbeit«, also der 1. Mai gefeiert. Am letzten Montag im Mai gibt es zusätzlich den Spring Bank Holiday und am letzten Montag im August den August Bank Holiday.

Flughäfen

Schottland hat 39 Flughäfen, viele davon auf den Inseln, die so klein sind, dass sie nur mit kleinen Propellermaschinen angeflogen werden.

Edinburgh Airport

Tel. 0870 040 0007
Der Flughafen liegt westlich von Edinburgh, ist aber gut an die Straßen nach Edinburgh und die anderen Gebiete Schottlands angeschlossen. Internationaler Flughafen.

Glasgow Airport

Tel. 0870-040 0008
Dies ist der wichtigste der drei Großflughäfen Schottlands. Er liegt etwa 12 km westlich von Glasgow und bietet beste Anbindungen an den Rest des Landes per Flugzeug, Bahn oder Auto.

1

2

Schottland von A bis Z

Aberdeen Airport
Tel. 0844 481 6666
Ca. 11 km nordwestlich vom Stadtzentrum. Aberdeen ist die größte Ölstadt Europas. Der Flughafen bietet den größten kommerziellen Heliport der Welt. Über 39000 Hubschrauberflüge befördern hier jährlich 450000 Passagiere.

Geld

Die Briten halten sich von der Eurozone fern. So bleibt also das Pound Sterling (£) zu 100 Pence (p) noch über viele Jahrzehnte das offizielle Zahlungsmittel. £1 = Euro 1,20 = CHF 1,45. (der Wechselkurs ist variabel). Die gängigen Münzen sind £1, £2, 50p, 20p, 10p, 5p, 2p und 1p (1 penny)¸ Scheine zu £50, £20, £10, £5. Am besten tauscht man sein Geld in einer Bankfiliale, man bekommt dort einen besseren Kurs. Jede schottische Bank darf ihre eigenen Banknoten drucken. Die drei Großbanken, Bank of Scotland, Royal Bank of Scotland und die Clydesdale Bank machen davon Gebrauch. Nur die Royal Bank druckt noch 1-Pfund-Noten – vor der Abreise in Schottland selbst wieder umtauschen, da sie in England oft nicht akzeptiert werden.

Geografie

Die zerklüftete Küste Schottlands ist rund 3700 km lang, wenn man alle Lochs und Buchten mit einbezieht. Es gibt rund 300 Berge, die über 900 Meter hoch sind.
Ein natürlicher Graben, der Glen More heißt oder Great Glen, zieht sich von Inverness am Moray Firth über Loch Ness, Loch Oich, Loch Lochy in südwestlicher Richtung bis Fort William am Loch Linnhe und teilt die Highlands. Südlich dieses Grabens liegt nicht nur Schottlands höchster Berg, sondern auch der höchste des gesamten Inselreichs – Ben Nevis. Er ist 1343 Meter hoch und überrascht durch seine Wucht und Majestät.
An seiner engsten Stelle, wo Glasgow am Firth of Clyde auf der einen Seite und Edinburgh am Firth of Forth auf der anderen Seite liegt, ist Schottland 50 km breit. Die Gesamtfläche beträgt 78 782 km².

Klima

Das Klima in Schottland ist gemäßigt und sehr veränderlich. Fürst Pückler schrieb im 19. Jh. an seine Frau: »Manchmal regnet es, und manchmal regnet es immer.« Die Schotten selbst sehen das gelassener, sie sagen: Wenn dir das Wetter nicht gefällt, dann warte doch einfach ein paar Minuten.
Im Winter ist es kälter als in England. Im Januar 1982 wurden in den Grampians mit rund –27, 2 °C die tiefsten Temperaturen gemessen, die je im Vereinigten Königreich seit Beginn der Messungen erreicht wurden. Im Sommer liegen die Temperaturen bei etwa 18 °C. Aber da man sich nicht mehr auf das Klima verlassen kann, wurden in den vergangenen Sommern auch hier wesentlich höhere Temperaturen gemessen. Sie liegen teilweise bei über 30 Grad. Eines stimmt aber auch heute noch: Im Westen des Landes ist es wärmer als an der Nordseeküste. In den Western Highlands beträgt der jährliche Niederschlag ungefähr 3000 mm.

Notfall

Notrufnummern
999 für Polizei, Feuerwehr, Notarzt oder Krankenwagen
Mit dem Handy 112

Pannenhilfe
AA (Automobile Association)
Tel. 0800/887 766 – wenn Sie vom Handy anrufen, wird die erste 0 weggelassen. Die ADAC Mitgliedschaft wird anerkannt.
RAC
Tel. 0800/82 82 82

Politik

Nur noch die deutschsprachigen Länder reden von Großbritannien. Alle anderen verwenden den Begriff »United Kingdom« – Vereinigtes Königreich. Die Rede ist vom United Kingdom of Great Britain and Northern Ireland. Die Queen ist Staatsoberhaupt, wenngleich sie in Schottland nicht als die Zweite bezeichnet wird. Denn als die erste Elizabeth über England herrschte (1558 bis 1603), existierte diese »Union« mit Schottland noch nicht.
Im Jahr 1998 erhielt Schottland sein eigenes Parlament (Pàrlamaid na h-Alba). Es besteht aus 129 Abgeordneten (MSPs) und ist im Prinzip demokratischer als das Londoner. Es gibt ein Verhältniswahlrecht (man nennt das hierzulande das »additional member system« – AMS). So hat jeder Schotte eine zweite Stimme. In London hält man immer noch am Mehrheitswahlrecht fest. Seit dem überraschenden Wahlsieg der Scottish National Party 2011 wird ernsthaft über eine

3

1 *Weißes Cottage am Meer in Port Appin.* – 2 *Der Fluss Dee entspringt in den Cairn gorms und mündet 120 Kilometer später bei Aberdeen in die Nordsee.* – 3 *Bauern verfolgen eine landwirtschaftliche Show in Kirkwall.*

vollständige Unabhängigkeit gesprochen. Das neue, architektonisch hochinteressante Parlamentsgebäude in Edinburgh steht in unmittelbarer Nähe zum Palace of Holyroodhouse, in dem die Königin residiert, wenn sie sich in Schottland aufhält.

Sprachen

Neben Englisch werden in Schottland das Lowland Scots, auch Lallans genannt, und das schottische Gälisch gesprochen, eine keltische Sprache. Die beiden letzteren sind auf Basis der Europäischen Charta für Regional- oder Minderheitensprachen anerkannt.

Kleine Einführung in die gälische Sprache:

Im Gälisch-Englisch-/Englisch-Gälisch-Wörterbuch umfassen die Ausspracheregeln ganze vier Seiten. Der Tourist hat also kaum eine Chance auf eine korrekte Aussprache. Hier also nur eine Andeutung:
bh wie w; c am Wortende wie chk, sonst wie k; h meist stumm, bei breiten Vokalen aber wie ch, bei kurzen Vokalen wie j; fh meist stumm
gh siehe dh; ll wie lj;
mh wie w, manchmal aber auch stumm; th meist stumm

Begrüßung und Konversation

Willkommen–Ceud Mile Fàilte
Guten Tag–Feasgar math
Guten Morgen–Madainn math
Guten Abend–Roair math
Auf Wiedersehen–Mar sin leibh
Ja–`Se oder Tha
Nein–Chan oder Cha chuala
Bitte–Ma's e bhur toil e
Danke–Tapadh leibh
Verzeihung–Gabh mo leisgeul
Wie viel Uhr ist es?–Dé'n nair a tha e?
Lass uns gehen!–Tiugainn!

Wichtige Begriffe

Berg–Beinn
Hügel–Bruthan
Bach–Allt
Lieder- und Geschichtenabend –Ceilidh
Kleines Dorf–Clachan
Kleiner Lehn–oder Pachthof – Croit
Meeresbucht/Flussmündung – Caolas
Tal – Gleann
Kirche – Eaglais
See – Loch

Telefonieren

Landesvorwahlen von Schottland aus:
Deutschland 0049
Österreich 0043
Schweiz 0041.

Wandern

Kaum ein anderes Land in Europa bietet so viele Anreize für den Wanderer wie Schottland. Von leichten Wanderwegen bis zu schwierigen Klettertouren wird alles geboten. Die Webseite *http://walking.visitscotland.com/german/* beschreibt über 1000 Wanderungen. Neben den landschaftlichen Reizen gibt es noch einen anderen Vorteil. Es wird eigentlich nie zu heiß. Sehr gut ist auch www.walkinghighlands.co.uk. Hier können Sie unter fast 1500 Routen wählen, Details für Ihr GPS runterladen oder sich anhören, wie die doch oft sehr komplizierten gälischen Namen ausgesprochen werden.

Zugreisen der besonderen Art

Der Royal Scotsman bietet Luxusreisen von Edinburgh durch die Highlands. Die Fahrt dauert drei bis acht Tage und findet zwischen April und Oktober statt. In den nostalgischen Pullman-Wagen ist Platz für 36 Passagiere. Es gibt unter anderem zwei Speisewagen und vier Schlafwagen mit Zweibett- und Einzelabteilen, Dusche und WC. Der Zug wird von einem Bus begleitet, der die Gäste an bestimmten Orten zu weiteren Ausflugszielen fährt. Bei diesem teueren Vergnügen herrscht allerdings eine strikte Kleiderordnung: Jeans und Turnschuhe lässt man besser gleich zu Hause. *www.royalscotsman.com*
Billiger ist es mit dem Jacobite Steam Train. Das ist zwar ein Museumszug, wird aber für den normalen Verkehr zwischen Fort William und Mallaig an der Westküste benutzt. Die Strecke beginnt im Schatten des Ben Nevis und führt vorbei am Loch Eil, über den Viadukt von Glenfinnan (mit seinen 21 Bögen). Hier am Loch Sheil hatte Bonnie Prince Charlie 1745 seine Standarte gesetzt, um seinen Anspruch auf den schottischen und englischen Thron zu demonstrieren. Diese »zweite Jakobiterrevolte« endete acht Monate später in der Katastrophe auf dem Culloden Moor. Es geht weiter vorbei am Loch Ailort über Arisaig zum Fischerdorf Maillaig.
Nach anderthalb Stunden können Sie wieder nach Fort William zurückfahren oder die Fähre zur Insel Skye nehmen. Die Zügen verkehren zwischen Mai und Oktober. *www.westcoastrailways.co.uk*.

Register

3

1 *Highland Cattle sehen oft wild und Ehrfurcht gebietend aus, sind aber genauso wie die Menschen der Inseln und Highlands genügsam und freundlich.* – 2 *Die Häuser am Meer gehören zu Lochaline am Sound of Mull.* – 3 *Ein alter Meilenstein.*

Impressum

Der Fotograf
Ernst Wrba, geboren 1956, studierte Fotodesign an der FH Darmstadt und ist seit 1983 als freier Fotograf in Frankfurt im Bereich Werbung, Industrie, Architektur und Tourismus tätig. Sein Bildarchiv ist spezialisiert auf Reisethemen. Er veröffentlichte seine Bilder bereits in zahlreichen Reiseführern und Kalendern sowie in mehr als 30 Bildbänden.

Der Autor
Peter Sahla, geboren 1939 und in den Vereinigten Staaten aufgewachsen, lebt – mit Unterbrechungen – seit 1962 als Fernsehjournalist in London. Seine profunde Kenntnis der Britischen Inseln fand bereits Niederschlag in zahlreichen Reiseführern und Bildbänden.

Bildnachweis
Alle Bilder des Umschlags und des Innenteils stammen von Ernst Wrba, außer: Fotolia (www.fotolia.de): 63 oben (ArTo), 97 oben (Fun Altitude), 98 Mitte (S.R.Miller); Picture Alliance, Frankfurt a.M.: 133 unten (Lonely Planet Images/Creighton, T.), 120 unten (Arco Images GmbH, Lenz, G.), 96 oben (Arco Images GmbH/Moreno, J.), 76 unten (Lonely Planet Images/Keribar, I.), 68 unten rechts (Lonely Planet Images/ Smith, J.); Shutterstock (www.shutter stock.com): 146 (Alina G.), 132 (Attila JANDI), 94 oben, 99 oben, 142/143 (Cameron, J.A.), 148/149 (Cowan, P.), 59 unten (Eaves, K.), 63 unten, 146/147 (Finn, S.), 59 oben (Hofmeester, P.), 57 unten (Howard, B.), 121 unten (Jackson, B.A.), 54 unten, 56 unten, 93 oben (Johnson, G.), 122 oben (Keane, K.), 57 oben, 85 oben (Krchak, Z.), 118 oben (Krieger, K.R.), 136/137 (Law, T.), 128 unten (McKelvie, B.), 58 (Michalis, P.), 112/113 (Neumann, R.), 94 unten rechts. 117 oben und unten, 118 unten, 119, 120 oben, 121 oben (Pharr, J.), 67 unten (stanalex), 98 oben, 133 oben (TTphoto), 135 oben (Woods, D.), 101 oben (Zastavkin, S.)

Umschlag
Vorderseite: Dunnottar Castle in der Nähe von Stonehaven (Bildagentur Huber, Garmisch Partenkirchen/Giovanni, S.)
Rückseite: Kelvingrove Kunstgalerie und Museum in Glasgow (Bildagentur Huber/Borchi, M.)

Seite 2/3: St. Abb's Head ist Naturschutzgebiet und Paradies für Vogelliebhaber
Seite 5: Dudelsackspieler bei den Highland Games
Seite 6/7: Das Caerlaverock Castle südöstlich von Dumfries
Seite 158/159: Glasgows wohl schönste Seite: der Queen's Park (Bildagentur Huber/Amantini, S.)

Produktmanagement: Stephanie Iber
Redaktionelle und grafische Umsetzung: VerlagsService Dr. Helmut Neuberger & Karl Schaumann, München
Repro: Repro Ludwig, Zell am See
Umschlagentwurf: Studio Schübel, München
Umschlaggestaltung: Fuchs-Design, Sabine Fuchs, München
Kartografie: Astrid Fischer-Leitl, München
Herstellung: Bettina Schippel
Printed in Slovenia by Florjancic

Alle Angaben dieses Werkes wurden sorgfältig recherchiert und auf den aktuellen Stand gebracht sowie vom Verlag geprüft. Für die Richtigkeit der Angaben kann jedoch keine Haftung übernommen werden. Für Hinweise und Anregungen sind wir jederzeit dankbar. Bitte richten Sie diese an:
Bruckmann Verlag
Postfach 40 02 09
D-80702 München
E-Mail: lektorat@bruckmann.de
Die Deutsche Nationalbibliothek verzeichnet diese Publikation in der Deutschen Nationalbibliografie; detaillierte bibliografische Daten sind im Internet über http://dnb.d-nb.de abrufbar.

Die Originalausgabe erschien 2007 unter dem Titel »Schottland« im Bruckmann Verlag.

Vollständig aktualisierte und überarbeitete Ausgabe

ISBN 978-3-7654-5372-4

In gleicher Reihe erschienen ...

ISBN 978-3-7654-5645-9

ISBN 978-3-7654-5854-5

ISBN 978-3-7654-5644-2

ISBN 978-3-7654-5647-3

ISBN 978-3-7654-5643-5

ISBN 978-3-7654-5821-7

ISBN 978-3-7654-5535-3

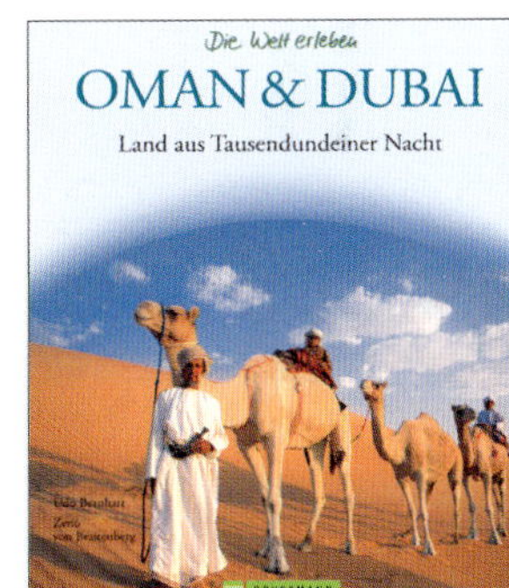

ISBN 978-3-7654-5646-6

ISBN 978-3-7654-5649-7

ISBN 978-3-7654-5372-4

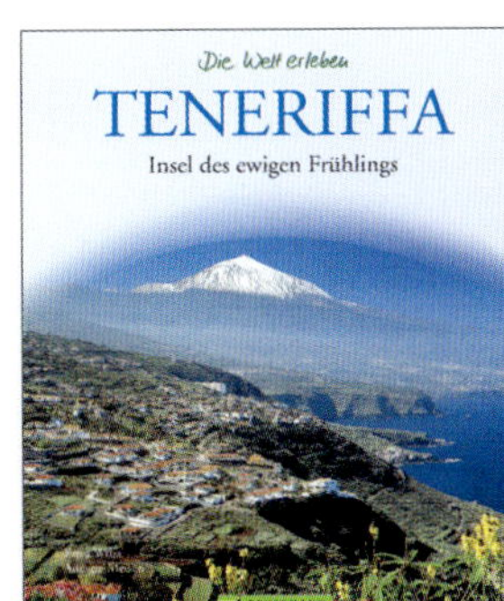

ISBN 978-3-7654-5642-8

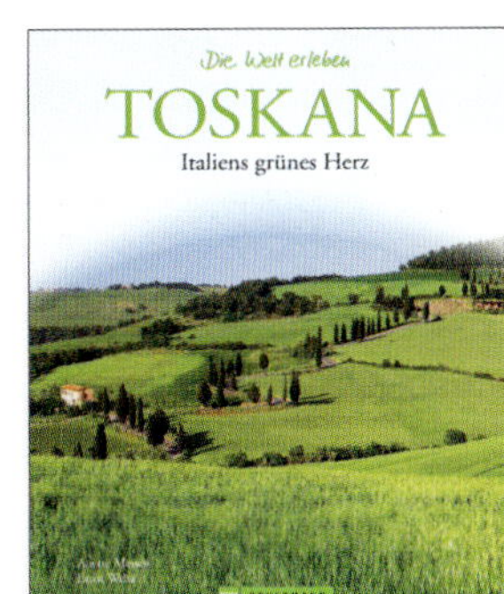

ISBN 978-3-7654-5648-0